JN101599

チーム辻村最強ドリル

女子プロと一緒に上手くなる!

ツアーコーチ
辻村明志

ゴルフダイジェスト社

「チーム辻村は、プロ6人とアマチュア2人。8人に練習の楽しさを教えています」

辻村明志（プロコーチ）

今やチーム辻村はプロ6人、プロテストを控えたアマチュア2人を擁し、女子プロゴルフ界の一大勢力になっている。実は指導を求めるシード選手も多いが、「一人では見きれない」と断るケースがほとんどだ。

その人気の秘密はどこにあるのか？

「特別なことはなにひとつやっていません」

と辻村は言う。だが、その練習風景は独特に映る。ボールを打つのは当然だが立ち方、構え方、狙い方、そして素振り……。「休日はホームセンター巡りが日課」という辻村は次々と新しい、それも選手の課題に応じた練習器具を作りだす。それらひとつひとつのドリルが最良のレッスンとなっている。

なにより選手の表情が楽しそうだ。笑顔の先に強さがあるようだ。

辻村明志（つじむら・はるゆき）

1975年福岡県生まれ。日大ゴルフ部出身。

元（はじめ）ビルコート所属。

アマチュア時代は関東ジュニア、
関東学生で優勝経験も。

プロ転向後はアジアンツアーを転戦。

王貞治氏を育てた荒川博氏を師と仰ぎ、指導法を学び、ツアーコーチとして飛躍を果たす。

愛称はツジ兄

上田桃子の復活は、
最強ドリルによるもの

「もっと
飛距離を
伸ばしたい。
もっと強く
なりたい……」

「大きく変わったのはスタンス幅でしょう。
狭くすることで、左右の横移動を抑え、
レベルスウィングとインサイドイン軌道を
手に入れました」(辻村)。
ドリルは「ヘッドカバー投げ」150ページ

ベテランと呼ばれる今も、第一線で活躍する上田桃子。30歳を迎えた頃、一度は「引退」の二文字が脳裏をよぎったが、辻村が考案したドリルが上田を復活に導いた。立ち方、構え方、そしてスウィングプレーンに至るまで一から作り直したのだ。

そこには辻村と上田が「生涯の師匠」と呼ぶ、故・荒川博との出会いがある。言うまでもなく王貞治に一本足打法を伝授、世界のホームラン王に育てた名伯楽だ。

チーム辻村が考案、採用するドリルの数々には、荒川博の遺伝子が脈々と流れている。ややもすると時代錯誤、非科学的と思われがちだが、なにより選手が出す結果が理にかなっていることを証明している。

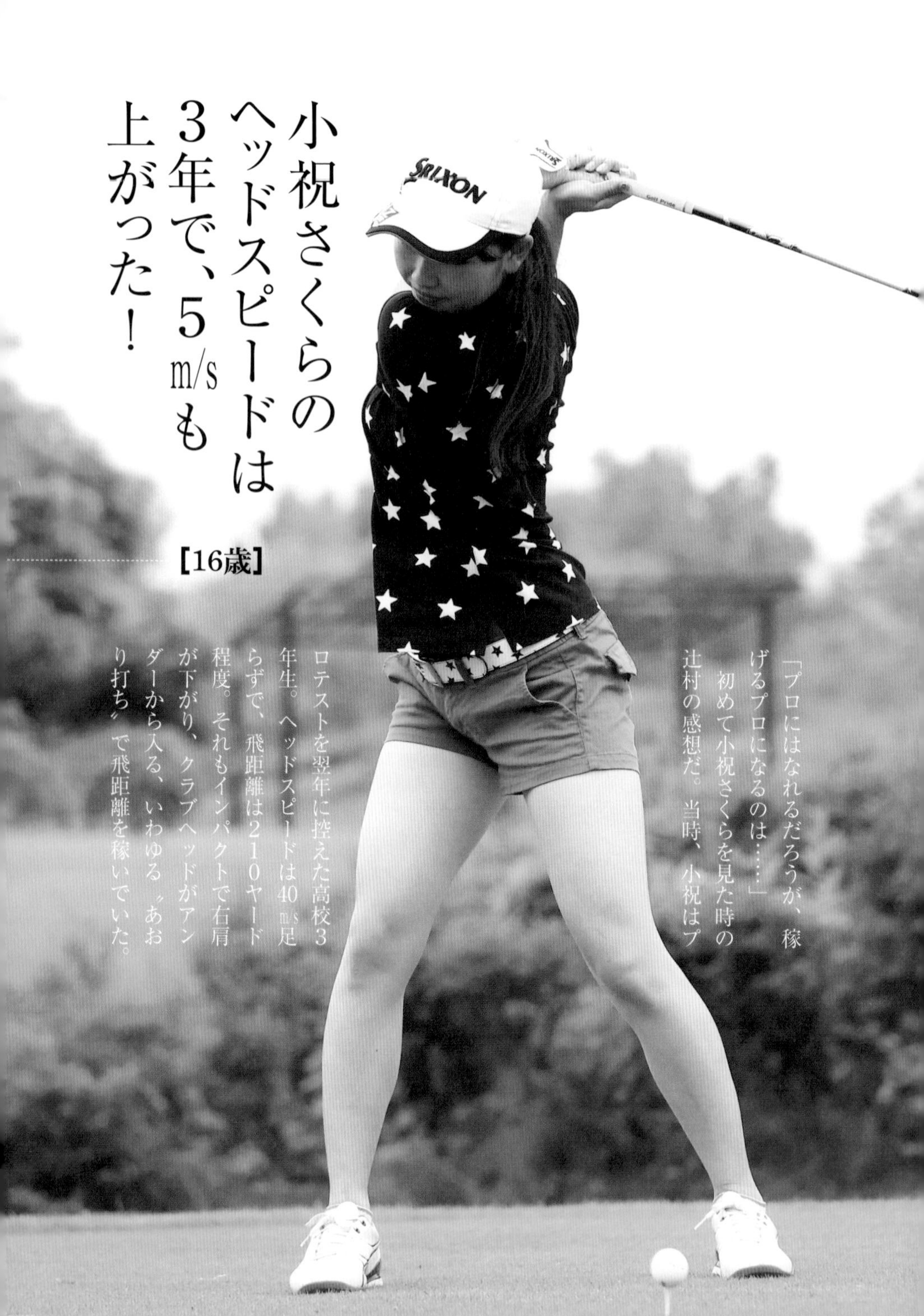

小祝さくらのヘッドスピードは3年で、5m/sも上がった！

【16歳】

「プロにはなれるだろうが、稼げるプロになるのは……」

初めて小祝さくらを見た時の辻村の感想だ。当時、小祝はプロテストを翌年に控えた高校3年生。ヘッドスピードは40m/s足らずで、飛距離は210ヤード程度。それもインパクトで右肩が下がり、クラブヘッドがアンダーから入る、いわゆる〝あおり打ち〟で飛距離を稼いでいた。

［現在］

最初は教える気もなかった辻村。指導の条件に出したのは、毎日3キロのランニングと100回の素振り。そのうち音を上げるだろうと思ったが、北海道の豪雪の中でも毎日走り続け、辻村のほうが根負けした。

約3年でヘッドスピードは5m/sアップ。これは辻村の指導人生でも初の体験。これも辻村のアイデア練習の賜物だ。

アイデアドリル満載

スウィングチェック！

インサイドイン

シャッターチャンス

胸の面の向きを
確認するドリル

レベルスウィング

ひざ挟み

ひざに挟んだ
ペットボトルを
落とさないドリル

飛距離アップ

ふとん叩き

インパクト力を
最大限に引き上げる

飛距離アップ

ひと呼吸連続素振り

息を止めて、
何秒、何回、
振れますか？

スウィングがすぐによくなる

上達が加速する

アドレス作り

たすきがけ

肩甲骨の
可動域を広げ
柔軟性アップ

テークバック

ゴムひも素振り

ハーフウェイまで
リズムよく上げる

レベルスウィング

三段階素振り

スウィング
プレーンが
安定する

今、やるべきドリルは何だ？

アドレス作り

トン・トン・パ

重心を下げて
構えを安定させる

インサイドイン

ロープDEプレーン

テークバックの
上げ方を確認
するドリル

女子ツアーをチーム辻村が席巻中!
「日本一、世界一の選手を育てたい」（辻村）

21年、吉田優利初V

松森彩夏も復活を誓う

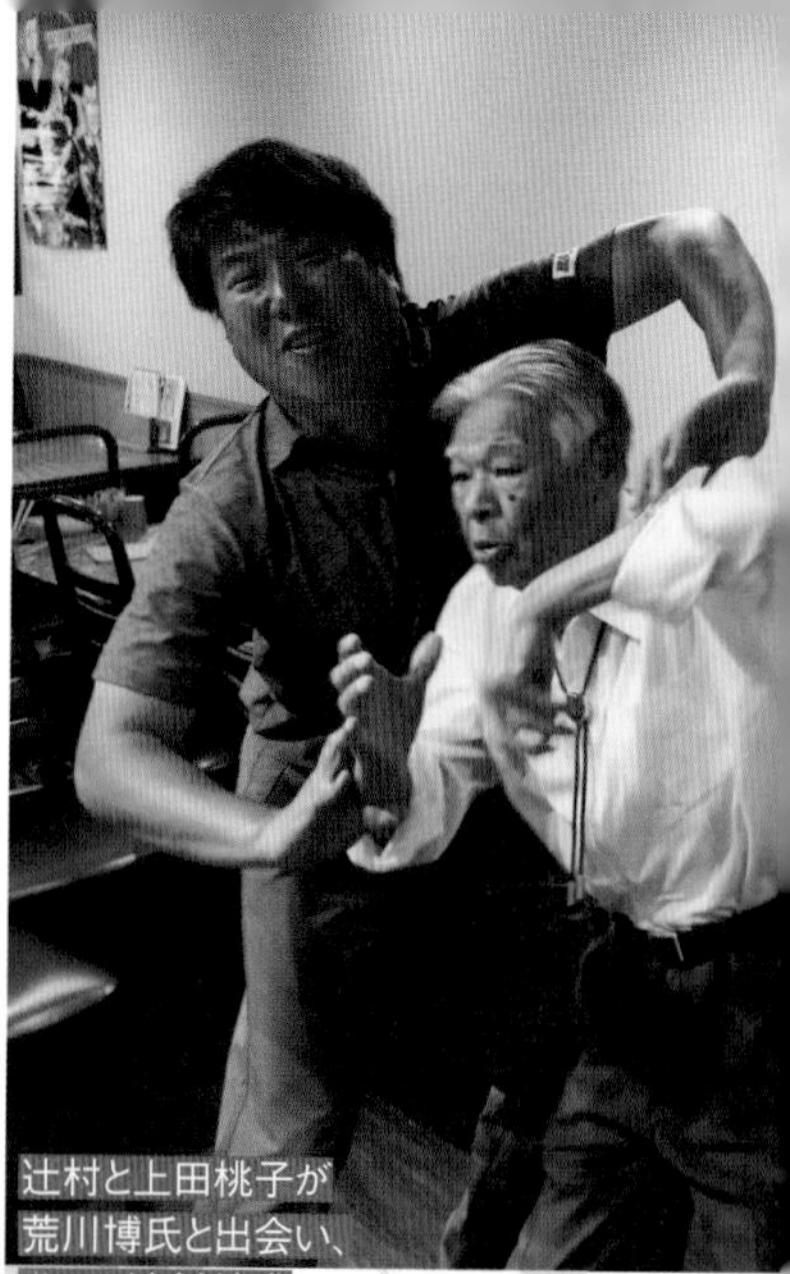

辻村と上田桃子が荒川博氏と出会い、チーム辻村結成

小祝さくらが加わる

21年、阿部未悠がプロテスト合格

僕が（上田）桃子の専属コーチとなったのは2014年。その前年の13年、最終戦のエリエールでキャディを務めたのがきっかけでした。すでにアメリカでのシード権を失い、最終戦に日本のシード権を賭けた状況でした。そしてこの試合で3位に入り、なんとか48位でシードに滑り込んだのです。そうした縁から桃子の専属コーチになったわけですが、まさか「チーム辻村」と呼ばれるほどの大所帯になるとは、当時は夢にも思いませんでした。そこにプロテストを控えた小祝

山村彩恵も
初V目指して
猛特訓

桃子、21年の
日本女子オープン2位

さくらが加わり、さらにトーナメントで相談を受けたプロや、高校生だった吉田優利も一緒に練習をするように。

チームの特徴を一言で表せば、「強くなりたい」、「上手くなりたい」と強い信念を持ったゴルファーの集まりということでしょう。特別なことなどしていませんが、しかし当たり前のことを強い意志を持ってやり遂げる集団です。

この強い意志を持って当たり前のことをやり続けることは、読者の皆さんにもできることです。強い意志は読者の皆さんにも真似のできることです。つまり皆さんも強く、そして上手くなれる、ということです。

さあ、チーム辻村と一緒にゴルフ道を歩みましょう。

（辻村明志）

チーム辻村 13勝

（荒川氏弟子入り後）

小祝さくら
2021
ダイキンオーキッド

小祝さくら
2021
Tポイント×ENEOS

上田桃子
2021
パナソニック

吉田優利
2021
楽天

小祝さくら
2021
NEC軽井沢

小祝さくら
2021
Cat

吉田優利
2021
ゴルフ5

上田桃子
2017
中京テレビブリヂストン

上田桃子
2017
マスターズGC

上田桃子
2019
Tポイント×ENEOS

上田桃子
2019
ヨネックス

小祝さくら
2019
サマンサタバサ

小祝さくら
2020
ゴルフ5

まだまだ増える！

※21年10月20日現在

16年、生前の荒川氏に会ってから、選手たちのスウィングや練習などを見て、気が付いたことを書き記したノートの一部

まえがき

荒川博先生との出会いのきっかけは、当時『週刊ゴルフダイジェスト』で連載していた『1日1000回クラブを振れ』でした。プロやゴルフ関係者の中でも人気の連載で、ボクも桃子も愛読していました。そこでボクたち2人の旧知の知り合いに、先生を紹介してもらったのです。藁

にもすがる思いというのは、まさにこのことでしょう。

当時、先生から指導を受けていることに、周囲からは辛辣な意見もありました。

ただ、ボクは先生から指導者としての心得のすべてを教わったと思っています。同時に先生に少しでも近づきたい。それがボクのコーチとしてのモチベーションになっています。

先生と出会ってから、毎日ノートをつけるようになりました。練習して気づいたメモの蓄積で、チーム辻村には多くのドリルが生まれました。本書ではその中から、とくにみなさんが悩んでいるであろうスウィングのポイントや飛距離アップの方法、何よりゴルフの楽しさを紹介します。

チーム辻村があえて「氣」を使うのは、文字のなかにある「米」の字のその中心が臍下丹田であり、エネルギーが四方八方に行き渡ることを表している。本書でも旧字を使うこととした

contents

【プロローグ】
チーム辻村は8人 …… 002
上田桃子の復活と最強ドリルの秘密 …… 004
小祝さくらは辻村ドリルで覚醒 …… 006
上達が加速するアイデアドリル満載 …… 008
女子ツアーをチーム辻村が席巻中! …… 010
まえがき …… 012

1章
アドレス作り
ゴルフのスウィングは立ち方に始まる 017
Overview 荒川博に伝授された立ち方と構え方 …… 018
ドリル① 骨盤歩き 正しい姿勢は骨盤の意識から …… 024
ドリル② たすきがけ 肩甲骨の可動域を広げ、柔軟性アップ …… 028

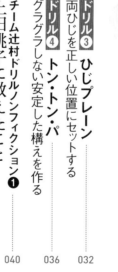

ドリル③ ひじプレーン 両ひじを正しい位置にセットする …… 032
ドリル④ トン・トン・パ グラグラしない安定した構えを作る …… 036
チーム辻村ドリルノンフィクション❶ 上田桃子に教えたこと …… 040

2章
テークバック
「始動」は最も難しい。だから、練習が必要だ 045
Overview テークバックは最も氣が抜けるポイントだ …… 046
ドリル① リズム素振り いいリズムを、目で体に覚えさせる …… 052
ドリル② ウェッジでベタ足 インパクトまで右サイドを安定させる …… 056
ドリル③ ゴムひも素振り 左腕をハーフウェイまでリズムよく上げる …… 060
ドリル④ ペットボトル押し 重さを感じながらヘッドを真っすぐ引く …… 064

3章

レベルスウィング 069
スウィングの基本は水平回転&円運動

Overview レベルスウィングが高速の円運動を実現する 070
ドリル❶ **長い棒を振る** 軸がブレないスウィング作り 076
ドリル❷ **四股スウィング** 低重心で回転する感覚を磨く 080
ドリル❸ **三段階素振り** スウィングプレーンが安定する 084
ドリル❹ **杖つき素振り** フィニッシュまで前傾角をキープさせる 088
ドリル❺ **ひざ挟み** ひざに挟んだペットボトルを落とさない 092
ドリル❻ **目線水平** レベルスウィングは目線がカギになる 094
ドリル❼ **直ドラ** レベルスウィングのチェックドリル 098
チーム辻村ドリルノンフィクション❷ 小祝さくらに教えたこと 100

4章

インサイドイン 105
究極のダウンスウィングと究極のフォロースルー

Overview 「上から、内から、最短で」が究極のダウンスウィングだ 106
ドリル❶ **ロープDEプレーン** インサイドへ引きすぎ注意 112
ドリル❷ **インサイドに振り抜け** アウトサイドにクラブが抜けないように振る 116
ドリル❸ **フラフープ素振り** 回転を意識しながらインサイドインに振る 118
ドリル❹ **二枚板ゾーン** 強いボールが打てるインパクトゾーンドリル 122
ドリル❺ **シャッターチャンス** 胸の面の向きを確認するドリル 124
ドリル❻ **両わきタオル** 両わきを締めて軌道を安定させる 128

5章
飛距離アップ
ヘッドスピードを上げる最強の練習法 131

Overview 「しぼり方」と「呼吸力」があなたの飛距離のポテンシャルをしぼり出す 132
ドリル1 ふとん叩き インパクト力を最大限に引き上げる 136
ドリル2 ひじ縛り 上半身を不自由にして、力の入れ方を覚える 140
ドリル3 ぐにゃぐにゃ素振り クラブのしなり方を生かすための素振り 144
ドリル4 ハンカチ飛ばし ヘッドスピードを最大限に引き上げる 146
ドリル5 ひと呼吸連続素振り 息を止めて、何秒、何回、振れますか? 148
ドリル6 ヘッドカバー投げ レベルスウィングとインサイドインチェック 150
チーム辻村ドリルノンフィクション3 吉田優利に教えたこと 154

あとがき チーム辻村〜進化の途中 「辻村コーチとAIの共存」 158

取材・文／大羽賢二
写真／三木崇徳(ドリルページ)
大澤進二(カバー)、GD社写真部
モデル(ドリルページ)／
松森彩夏プロ、山村彩恵プロ
装丁・デザイン／植月誠
デザイン／近藤可奈子
撮影協力／AIGIA、丸山ゴルフセンター

チーム辻村の最強ドリル

CHAPTER

1

アドレス作り

ゴルフのスウィングは立ち方に始まる

ボールを打つだけが練習ではない。
立ち方、構え方の基本となるのは“いい姿勢”。
これこそがボールを打つための絶対条件であり、
スウィングの大切な始まりである！

チーム辻村の最強ドリル

CHAPTER 1

overview

荒川博に伝授された立ち方と構え方

この本を作るにあたり、僕がまず伝えたいのが立ち方であり構え方です。これは（上田）桃子と一緒に初めて荒川博先生に会った時、最初に教えていただいたことでした。

立ち方、構え方というと、一般に多くの人はアドレスと考えるでしょう。実際にゴルフのレッスン書では、アドレスについて多くのページが割かれています。具体的にスタンスの広さや、向き（スクエア、クローズ、オープン）、あるいは前傾角やグリップの握り方……。皆さんがこれまで見聞きしてきたのは、そうした〝形〟ばかりのレッスンではなかったでしょうか。

しかし荒川先生は違いました。先生のいう立ち方、構え方とはアドレスの大前提となる準備で、あえて言葉にするなら「戦うにふさわしい姿勢づくり」とでも表現したらいいでしょうか。もっとも「いい姿勢で立ちなさい」は、どんな指導者でも口にすることですし、それを否定する人もいないでしょう。しかし多くの指導者はいい姿勢がどんなものか、時に間違って解釈している人も多いように僕は感じます。

なぜなら荒川先生と出会う前の僕がそうだったからです。

荒川先生は初対面の桃子に、「構えてみなさい」とおっしゃいました。桃子がアドレスの形を作ると、右のわき腹を中指と人差し指で軽く押しました。すると桃子の体はバランスを崩してよろけました。立っていられなかったのです。

次に荒川先生は野球のバッティングの構えを自らやってみせました。そして僕に向かって「どこからでも押してみなさい」とおっしゃいました。当時、先生は84歳。身長は163センチで体重は70キロ。僕は178センチ、体重90キロですから、正直、簡単にグラつかせると思っていました。そこで最初は遠慮もあって、手加減して押したのですがビクともしません。すると「もっと強く押しなさい」と先生の声。そこで徐々に力を入れて押すのですが、目一杯の力で押しても最後まで先生の体はビクともしませんでした。後から聞いた話によると、当時の先生の心臓は半分、動いていない状態だったそうです。

若き日の荒川先生が、荒川道場と呼ばれる自宅で現役時代の王さんを指導している映像が残っています。一本足で構える王さんの両ひじを先生が上に持ち上げようとするのですが、王さんは一本足のままビクともしません。まさに不動の構えです。

と、そんな話をすると、やれ非科学的だ、時代遅れの精神論だと眉をひそめる人もいるでしょう。無理もありません。なぜなら荒川先生と最初に出会った時の僕と桃子がそうでした。今だからこそ白状すれば、「とんでもないところに来てしまったぞ」が偽らざる心境で、確かにビクともしない先生の構えには驚きましたが、「そんな立ち方ができたところでゴルフが上手くなるのか」と半信半疑だったのを思い出します。

ただ、今になってようやく理解できるのですが、いい姿勢、つまりいい立ち方、構え方なくして、いいスウィングはできません。力強い、ねじれのないボールは、いい姿勢があってのものなのです。プロであれば当然、それが結果につながります。黄金世代、プラチナ世代と呼ばれる若い選手の台頭が目覚ましいなかで、35歳の桃子が今も第一線で活躍できるのは、この姿勢に正体があります。

もっとも荒川先生は姿勢について、具体的に体のポジションや形、動きについては多くを語りませんでした。わき腹を指で押しては「よし、今のは氣が入っている」、反対に悪い姿勢になると「氣が抜けている」と、あくまでもそんな表現で指導してくださいました。

いい姿勢とは文字通り「勢いのある姿」です。それは体を

100%《パーセント》使いこなせる姿、と言い換えてもいいでしょう。体はクラブよりも先にある「第一の道具」です。それを100%《パーセント》使いこなすことは、具体的にはテークバックの始動を楽にし、自分の打ちたいボールに対してトップが上がり、思い通りのボールを打つためのダウンスウィング、インパクトを可能にし、そしてバランスのいいフィニッシュができることにほかなりません。そして、そのためのキーワードが骨盤、肩甲骨、足裏、呼吸法の4つだと僕は考えています。

荒川先生の「氣の入った」、「勢いある姿」という指導を、若い選手にわかりやすい言葉で説明するのは難しいのですが、僕なりに解釈し、わかりやすい方法で考案したのが、これから紹介するドリルです。

アドレス作りドリル 1

骨盤歩き

フットワークが使えない人とは、「骨盤」が使えない人のこと。骨盤歩きで脚からクラブが振れるようになる！

正しい姿勢は骨盤の意識から

イチ、ニッ
イチ、ニッ

ドリルのやり方

① 両脚を伸ばし、両手を胸に当てて、くの字の姿勢を作る

② 左右の骨盤(お尻)を意識して、「イチ、ニ」のリズムで前進

[時間] 5秒を10セット

カベや板に背中とお尻を当てた時、ぴったりとお尻がつけば、「骨盤が立った」いい構えになる。お尻が丸まった構えにならないように、骨盤歩きに挑戦しよう

こんな人におススメ

構えが格好悪い
フットワークが使えない
ボールに力が伝わらない

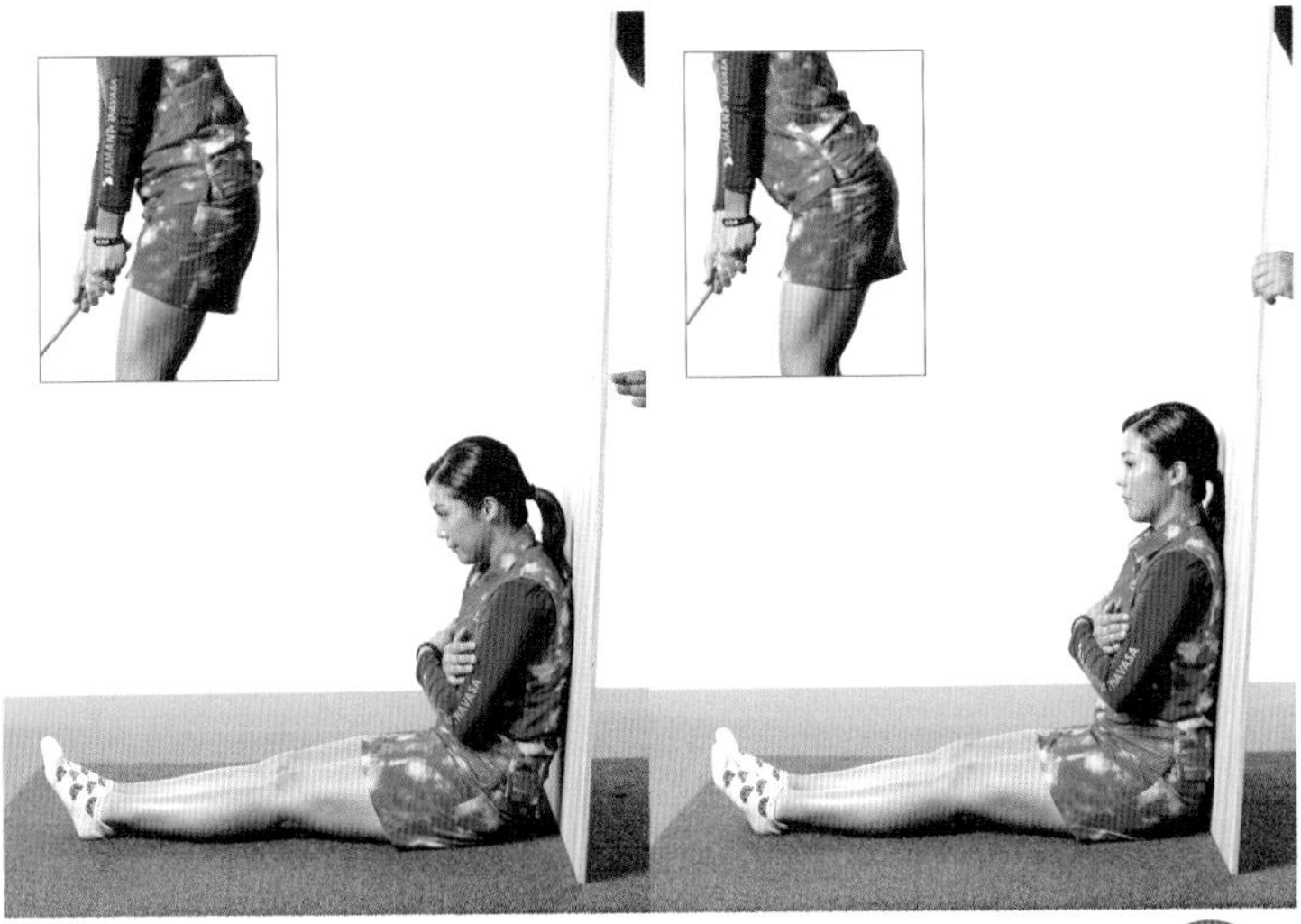

× 姿勢が悪いと、骨盤が寝る

姿勢がいいと、骨盤が立つ ○

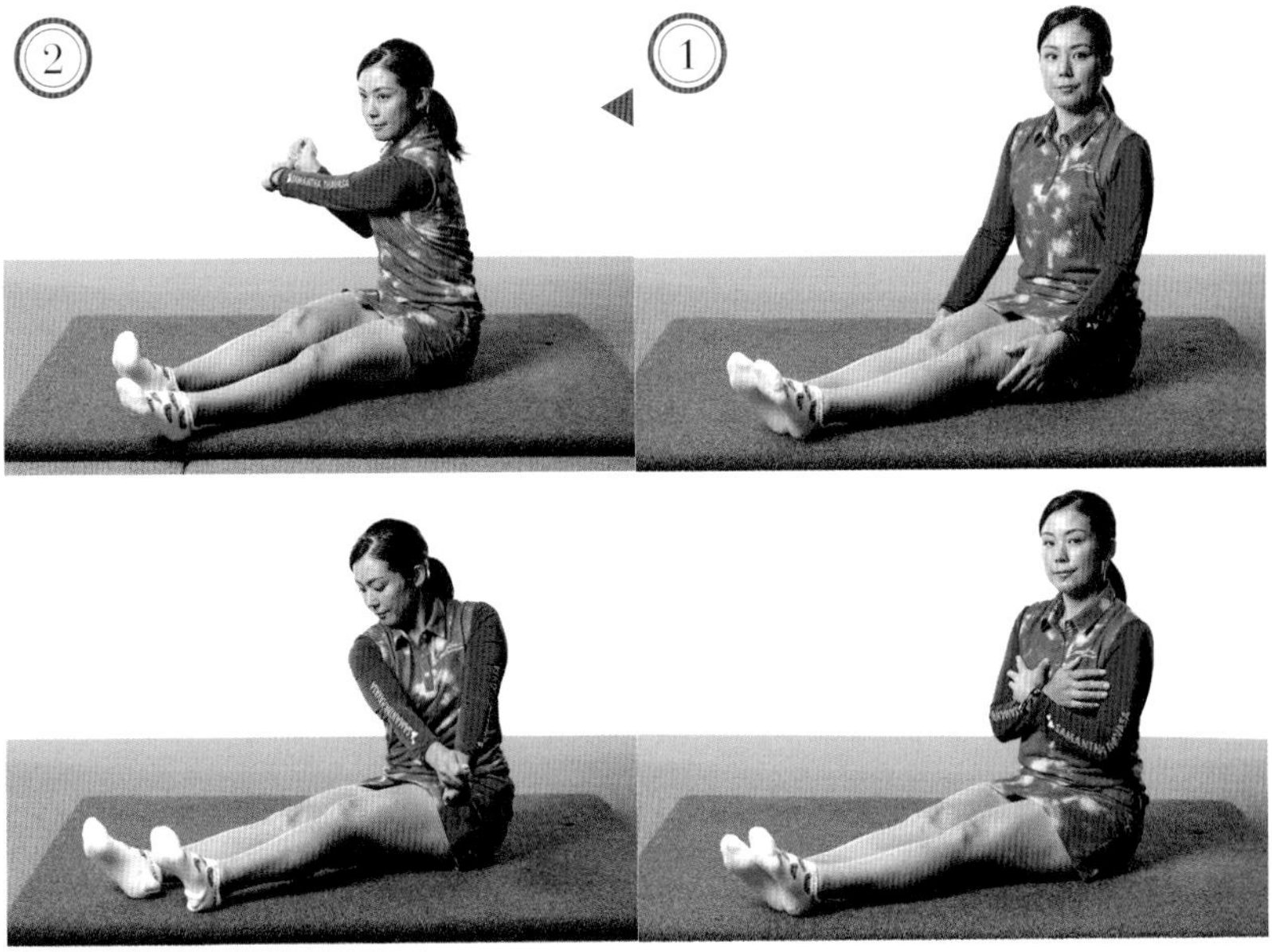

両足が揃った状態がアドレス。
右骨盤が後ろ、左骨盤が前の状態がトップ、
フィニッシュでは逆になる。

骨盤歩き

理想のスウィングは「歩くように振る」こと

多くのゴルファーが正しい姿勢ができない大きな理由は、骨盤の意識がないからだと僕は考えています。股関節の重要性を説くレッスンは多いのですが……もちろん股関節は重要ですが……股関節の可動域を広げ、その能力を最大限に使うためにも骨盤の意識と骨盤を動かすことが極めて重要です。

骨盤とは背骨（脊柱）と太もも（大腿骨）をつなぎ、体を支える重要な部分。ここに意識がないと軸がグラつき、あるいは軸のないスウィングにもつながってしまいます。

力みや手上げ、手打ち、スウェイ、オーバースウィングといった無駄な動きは骨盤の意識の希薄さにより、軸が不安定なために起きる現象です。

この骨盤の意識を高め、動かすドリルが骨盤歩きです。難しいものではありません。

床に座ってお尻をつけたまま、普段、動かすことのない骨盤で前・後進してみましょう。

僕は理想のスウィングとは、歩くように振ることだと思っています。骨盤を動かし右の股関節を後方、左の股関節を前方に動き出すのがテークバックの始動、完全に右にねじれた状態がトップです。そこから今度はやはり骨盤を動かし、右を前に、左を後方に動かす動きが切り返しです。インパクトは、やはり骨盤を動かしながらヘソが右脚から左脚の間をねじれながら動きます。低く長い、そして強くボールを叩けるインパクトはこうして生み出されます。その後、完全に右が前、左が後方に引けた状態がフィニッシュです。

風呂上がりに毎日2〜3分やるだけでも、歩くように打つ理想のスウィングに近づくはずです。

骨盤を
意識すると、
股関節にしっかり
乗れます

アドレス作りドリル 2

たすきがけ

肩甲骨の可動域を広げ、柔軟性アップ

上半身に、ゴムひもをたすきがけして構えると、姿勢が良くなり、肩回りの動きも良くなる。スウィングの大事な要素を改善できる

ドリルのやり方

1. 50～60センチほどのゴムひもを用意
2. たすきがけの要領で上半身に巻き付ける
3. ゴムひもを巻き付けたまま球を打つ

［球数］ 10~20球

こんな人におススメ

肩が回らない。トップが浅い
スウィングが早くなりがち
スウィングアークが小さい

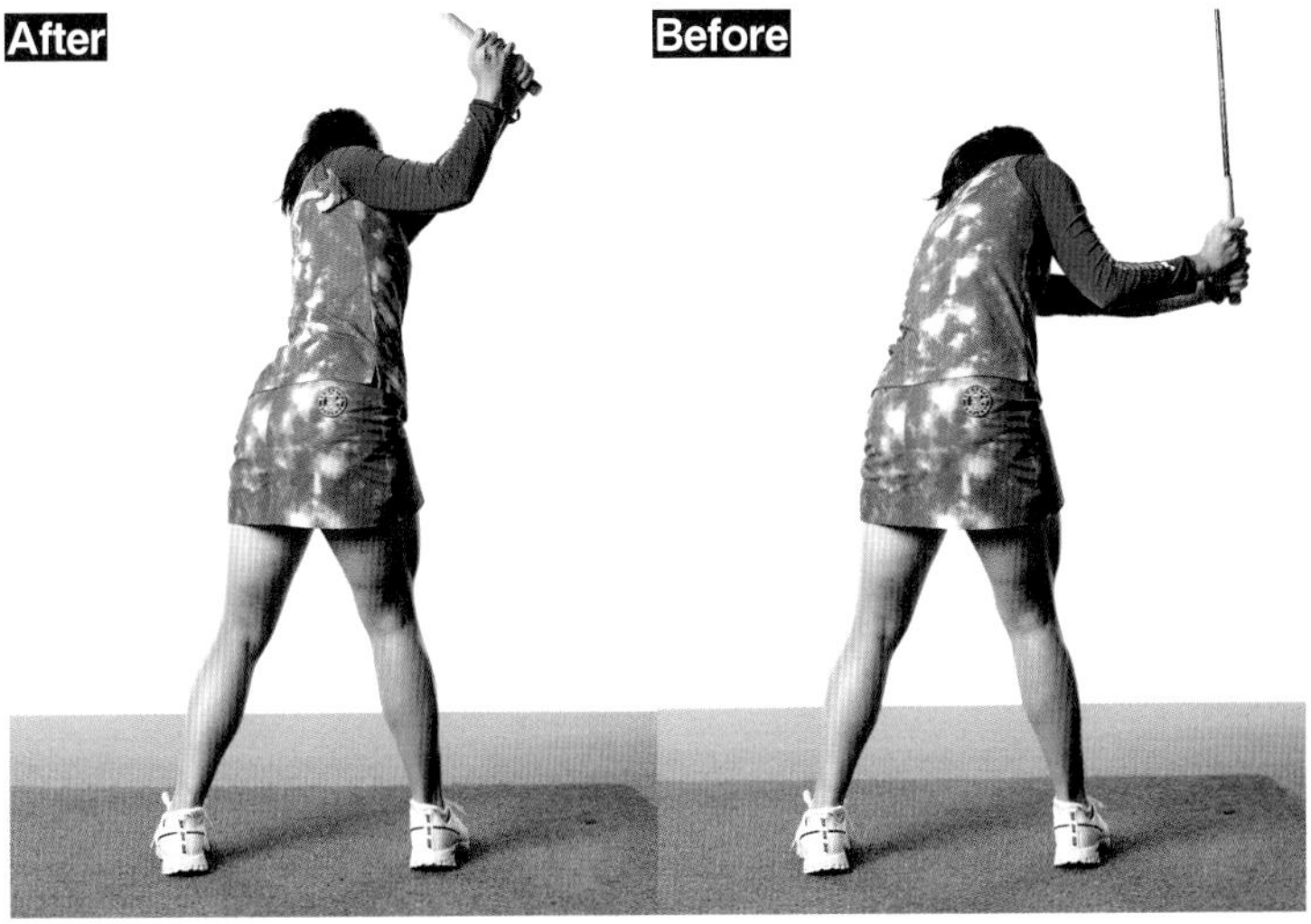

○ 姿勢が良くなり肩が回る

猫背で肩が回らない ×

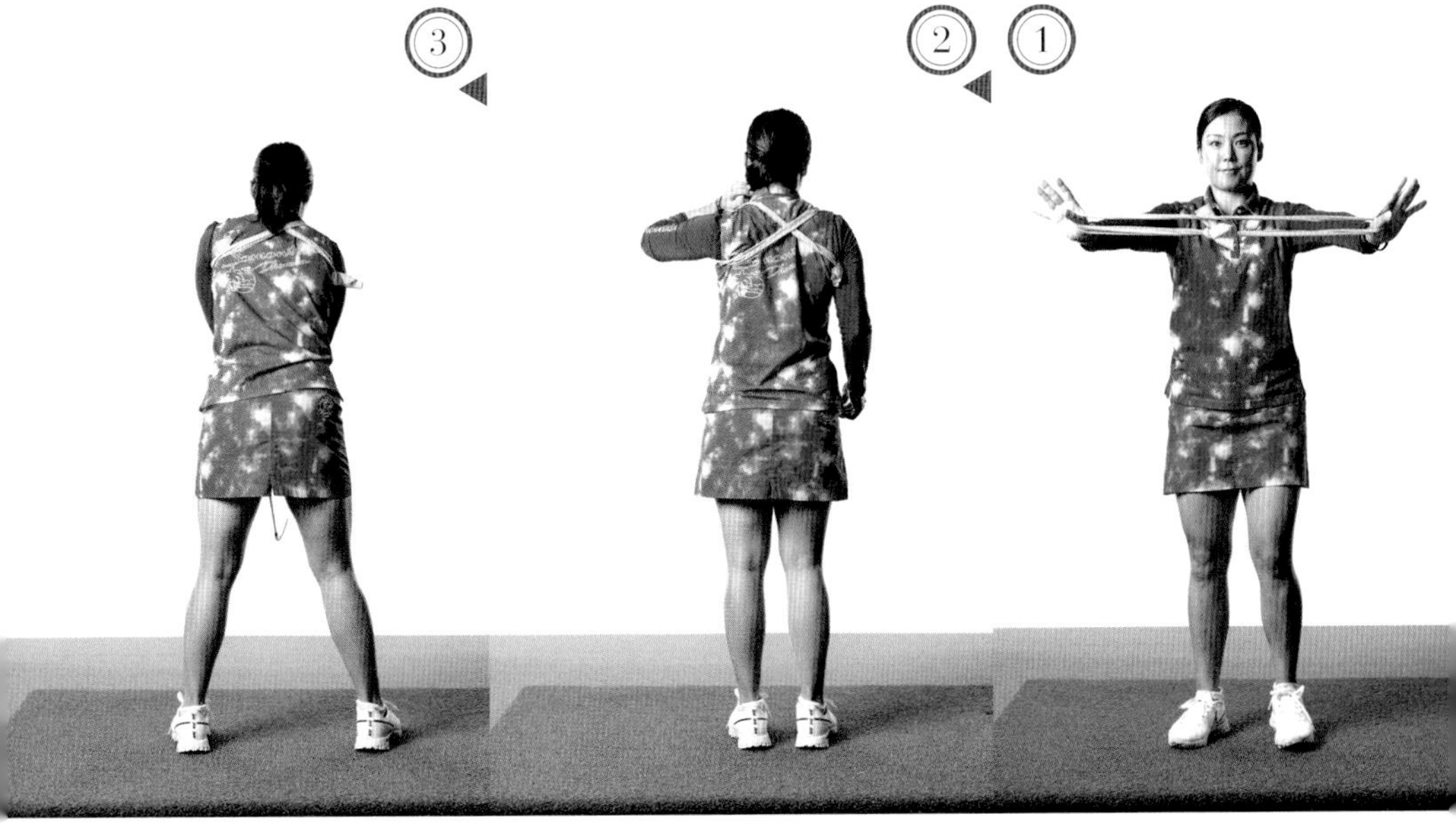

たすきがけは、練習場などでショット練習する時に限らず、掃除機をかける時など、家事の間、家にいる間、ずっとしていても、効果は出る。ゴルフスウィングにいいだけでなく、四十肩、五十肩といった肩の痛みも改善できる

‖たすきがけ‖

体を100%《パーセント》使い切り、能力を最大限発揮する

「火事場の馬鹿力」という言葉は誰もが知っていることでしょう。説明するまでもなく、火事のような切迫した状況になると、自分でも想像のつかない力を発揮することのたとえです。

さて、この時、僕が思い浮かべる風景が、火の中に飛び込んでいく、和服にたすきがけをした人の姿です。実際、か弱い女性が箪笥《たんす》や、火に飲み込まれた大柄の男性を担ぎ出したという実話は山ほどあるといいます。

僕はこのたすきがけとは和服で仕事をする時、長い袖口が邪魔にならないようにする手段だと思っていました。実際、日本料理の板前さんは、和服にたすきがけという粋な姿で包丁をさばきます。ところが、やはりたすきがけで稽古をするというある剣術の先生から、興味深いお話を聞きました。

たすきがけは自分の体を100%《パーセント》使いこなし、そのポテンシャルをフルに発揮

する方法だというのです。

皆さんも肩甲骨の可動域、といった言葉を聞いたことがあるでしょう。ゴルフスウィングでは肩の捻転が求められます。そのために肩甲骨まわりの筋肉のストレッチをしたり、普段から動かすクセをつけておくことが大事です。肩が回らないと力任せにクラブを上げるしかなく、それがスウェイやオーバースウィング、軸の傾きといった、無駄な体の動きにつながるからです。

ところが問題は体の硬さ以上に姿勢にあります。そこで少し猫背になって両手の甲を下に向けて広げてみましょう。その状態で両腕を天井に向かって上げてみてください。おそらく肩の高さまでしか上がらないのではないでしょうか。しかし、たすきがけをして同じ動きをすると手の甲と甲が頭の上で合わせられます。たすきがけはいい姿勢を作り、肩を回してくれるのです。

ちなみにいい姿勢でも、拳を力いっぱい握って同じ動きをすると、両腕は肩までしか上がりません。姿勢と同じくらい上半身の脱力はスウィングの重要なテーマです。たすきがけで力を抜いてボールを打ちましょう。

アドレス作りドリル 3

ひじプレーン

構えた時の両ひじの高さがいつも一定でないと、スウィングプレーンが安定しない。両ひじでクラブをコントロールできるようにするドリル。

両ひじを正しい位置にセットする

ドリルのやり方

1. ひじの高さを揃えて、両手を耳のやや後ろまで開き構える
2. 左手を右手へ、右手を左手へ……
3. ひじの高さが変わらないようにトップとフィニッシュを繰り返す

【回数】10往復

こんな人におススメ

ダフリ、トップと
インパクトが不安定
左わきが開いてしまう

× スウィング中に
右肩が落ちてしまう

フィニッシュまで
姿勢が安定する ○

両手を開いてから、左手を右手（トップ）へ、右手を左手（フィニッシュ）へと
片手をそれぞれ素振りのように動かすことで、ひじの高さや動きをコントロールできるようになる。
その結果、構えた時の正しい両ひじのポジションもわかるのだ

ひじプレーン

スウィングプレーンより重要なひじプレーン

クラブの軌道のことをスウィングプレーンといいます。スウィングプレーンの安定がとても重要であることは言うまでもありません。では、このクラブをどこがコントロールするかといえば、ひじではないかと僕は考えています。ここではひじの役割について考えてみましょう。

スウィング中のひじの軌道を、僕はひじプレーンと名付けました。そして、この軌道を安定させるドリルがこれです。まずは横綱の土俵入りのように、両腕を大きく広げ、肩の高さに上げたらひじを直角に曲げましょう。この時、左右の肩、ひじ、手の高さを整えてください。さらに前傾してアドレスの形に。ここから左手だけを動かし右手を叩きます（バックスウィング）。次に左手を元の位置に戻し、今度は右手だけを動かして左手を叩きます（ダウンスウィングからインパクトを経てフィニッシュ）。最初に上げた手の高さをキープして叩けば、自ずと肩やひ

机の上などで、両ひじをゴルフのように構え、
トップ、フィニッシュと、両ひじが机から
できるだけ離れないように動かすのも有効だ

じの高さもキープできるでしょう。ゆっくりで構いません。最初は十分に肩が回らず、叩かれるほうの手が動いてしまうかもしれません。桃子は調子が悪くなるとわきが開き、腕や手が体から外れがち。そんな時は胸の高さにテーブルをセットし、ダウンスウィングを意識しながら両ひじを滑らせます。わきが締まり、体と腕、手の一体感が得られるからです。インパクトでの伸び上がりにせよ、ダウンでの突っ込みにせよ、ミスショットの多くはスウィング中にひじの高さが変わる、ひじプレーンの乱れによって起こります。

アドレス作りドリル 4

トン・トン・パ

グラグラしない安定した構えを作る

ショットのバラツキは、不安定なアドレスによるもの。揺るぎない安定した構えを作るにはどうすればいいか?

ドリルのやり方

① トン、トンと2度ジャンプしてから

② 両足をパッと肩幅程度に開いて着地。上体の重みを両足で感じながらアドレスに入る

[回数] 5~10回

こんな人におススメ

「重みは下」の構えができない
軸がグラつく
スウェイやオーバースウィングの人

棒立ちのような構えでは
ヘッドアップしがちになり
ボールに力が伝わらない

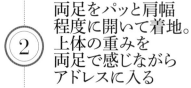

力んでもいいパワーポジションを知る

力みはスウィングの大敵。もちろん僕もこれを否定しません。しかし、「力むな」とそれこそ力説すればするほど、脱力ではなく緩んでしまうゴルファーは多いものです。構えには力んでいい場所があります。ザックリ言うと、それは下半身です。特に弱々しい立ち方をする選手には、ショック療法で「下半身は目一杯力め！」と教えます。下半身がドッシリすることで、上半身の力みが取り除かれるからです。

力むと言うより下半身に最も力が入り、最も力を発揮できるポジションがあります。それは足首、ひざ、腰（股関節）が一直線になるポジションで、僕はパワーポジションと呼んでいます。打つ前に2度3度と軽くジャンプするのは、畑岡奈紗選手のルーティンです。まさにトン・トン・パ。意識的か無意識かわかりませんがパワーポジションを作っているのでしょう。

トン・トン・パ

「重みは下」は、日本古来の武道や伝統芸能の基本的な構えです。これは荒川先生から教わりました。

その言葉から僕たちは、ビニール袋を使ったドリルをしています。息を吐き出すことで膨らむビニール袋で、重みが徐々に下になる感覚を身につけるのが目的です。プールに入って息を吐き出すと自然と体は沈んでいきます。そんなイメージでビニール袋に、ゆっくり息を吐き出しましょう。

また、氣のイメージを鮮明にするためにペットボトルの水を飲ませることもあります。水を氣に見立て、口から入った水が食道を通って胃に届き、さらにヘソの下あたり（臍下丹田）の位置まで、スッと落ちるイメージです。果たしてこれが正しい解釈なのかはわかりませんが、「重みは下」のドッシリした構えと、一時的とはいえ揺らぐことのない安定した心が手に入れられることは間違いありません。

僕たちチームの選手が、ショットのたびにペットボトルの水を飲む姿を、テレビなどで見ることもあるでしょう。あれは単に喉の渇きを癒しているだけではなく、実は意識的に「重みは下」の構えを作り、同時に心を落ち着かせる儀式のよ

呼吸法を覚えると構えはさらに安定する

「トン、トン、パ」と同じように、重心を低くするには、「フッ、フッ、フー」と息を吐くことで、さらにドッシリした構えを作ることができる

うなものなのです。

特にショートゲームは、距離が短くなればなるほど1ミリたりともスウェイが許されない、と僕は考えています。つまり「重みは下」、ドッシリした構えが求められるわけです。

同時に距離が短ければ短いほど、高い集中力が求められます。なぜなら250ヤードのドライバーショットはリカバリーが利いても、1メートルのミスパットは挽回しようがないからです。

そのためにもペットボトルの水を飲む。アマチュアにもできるテクニックです。

上田桃子に教えたこと

立つ練習を繰り返したらボールの強さが一変した

2007年に賞金女王に輝いた上田は、ツアーでは大ベテランの域に。2021年、黄金世代やプラチナ世代といった20歳前後の若手プロが活躍するなかで、35歳にして、復活優勝を果たす

桃子とは、ボールを打つより先に、徹底的に立ち方の練習をしました。すでに述べましたが、最初は荒川先生に軽く指で押されるだけでもグラついてしまうようなアドレス。それを微動だにしない戦

お尻と両足の薬指、そこに意識を持つだけで、ショットは良くなる

える構えに変えるためです。日本古来の合氣道や柔道などの武道、歌舞伎や能などの古典芸能には、「重みは下」という概念があります。この辺は感覚的な話ですが、「上半身と下半身を1対9に」、「下半身は目一杯力んでもいい」、「ペットボトルから飲んだ水が食道から胃に流れ、さらにその下のヘソに落ちるイメージで」といった言葉で指導していたことを思い出します。当時、コーチをしていたのは桃子だけでしたが、その後の選手たちにも立ち方、構え方の基本として徹底的にやらせた練習でした。

いい姿勢の立ち方には、アドレスのほかにトップ、インパクト、フィニッシュの3つがあると僕は考えています。調子が悪くなった時の桃子で説明するとテークバックでかかと体重になり、それが原因でトップでバランスを崩し、それを解消

しようとダウンからインパクトでかかと体重になって伸び上がり、フィニッシュでもバランスを崩してしまうというわけです。そこでトップでは左足をややつま先体重、右足をややかかと体重にして「右のお尻にしっかり体重を乗せる」意識を徹底しました。そうすることでダウンの詰まりがなくなり、右足母趾球でボールを押せる強いインパクトになります。あとはクラブの動きに任せるだけで、バランスのいいフィニッシュになるわけです。「股関節に乗れ」というレッスンは世の中に多くあります。それはそれで間違いではありません。ただ右のお尻にしっかり乗った時、左のお尻は反対の動きをします。お尻は股関節と言い換えていいでしょう。

そこから股関節よりも先に骨盤の意識、骨盤を立てたり前後に動かしたりすることの重要性を知りました。ちなみに股関節の真下にあるのが、左右の足の薬指です。薬指、ひざ、股関節が一直線になった時、重い立ち方、十分なねじれ、強くボールを押せるインパクトが可能になることも知りました。

　右のお尻にしっかり乗るため、桃子にはボールの先に手鏡を置いて練習させたこともあります。トップで鏡から自分の顔がはみ出さないよう意識すれば、しっかりと右のお尻に体重が乗るからです。

辻村はレベルスウィングを教えるために頭を押さえているが、
構えた時、意識は足裏にある

同じ理屈で僕が桃子の前に立ち、頭を押さえてトップの形を作らせる練習も繰り返しました。頭の動きを最小限に抑えれば、コイル（ねじれ）が大きくなるからです。こうしたトップこそが獲物（ボール）を狙う（叩ける）姿勢と言っていいでしょう。獲物を狙う猛獣ですが、その姿勢はいたって静かなことも共通しています。ともあれアドレス、トップ、インパクト、フィニッシュで、僕は徹底的に桃子の体を前後左右から押しました。理屈より、ビクともしないのが、いい姿勢だからです。今でも桃子は足裏の感覚をとても大事にするのは、この立ち方、構え方、そして姿勢を大事にしているからです。

チーム辻村の最強ドリル

CHAPTER 2

テークバック

「始動」は最も難しい。
だから、練習が必要だ

「ヘソとヘッドを氣で結べ」は、
荒川博の遺言とも言える箴言のひとつである。
そして最も氣が抜け、氣が散りやすいのが
テークバックである！

overview

テークバックの初動は最も氣が抜けるポイントだ

「スウィングは氣が届く範囲でするものだ」は、荒川先生の口癖のひとつでした。そのための意識として「いつでもヘソとヘッドを氣で結んでおけ」と、おっしゃったものです。

ヘソとは氣を集め、鎮める臍下丹田のこと。このヘソとクラブヘッドが常に結ばれていれば、スウィング中に氣が抜けたり、氣が散ることがない、というわけです。

そのイメージとして、よく先生がたとえたのは消防のホースでした。消火栓がヘソ、消防ホースの先端がクラブヘッド。そして流れ、勢いよく飛び出す水が氣であり、氣の乗り移ったボールと考えればいいでしょう。

イメージはともかく実際に「氣が届く」とは、僕の考えではクラブヘッドの重さを感じ、フェース面がどこを向いているかが自分でわかる状態のことです。

たとえばオーバースウィングやスウェイは、クラブの重さとフェース面の向きを見失い、クラブヘッドがコントロール不能になった状態と言えます。アマチュアの方の多くは、打ち終わった後、フェースのどこに当たったか分かりません。それこそが氣が抜け、氣が散ったスウィングの証明です。

では、臍下丹田に鎮められた氣は、スウィング中のどこで抜け、散るのでしょうか？　どこでヘッドの重さとフェースの向きを見失ってしまうのでしょうか？

僕の考えではスウィングのかなり早い段階、具体的には「ハーフウェイバック」、手が右腰の位置まで上がり、シャフトが地面と平行になるポジション……が、最も氣の抜けやすいポジションです。1回のスウィングの所要時間はパワーヒッターで1・5秒、一般男性で2秒弱、女性でも2秒程度。一度、氣が抜ければ、この短時間で軌道修正することはとても困難、いや不可能です。

しかし逆に考えれば、このハーフウェイバックまで氣を抜かなければ、僕の感覚では70《パーセント》はスウィングは成功したといっても過言ではありません。テークバックはボールを打ちません。そのためどこに上げてもいい、と言う人がいます。確かに重要なのは、ボールを打つダウンスウィンです。しかし、ボールは打たなくても、氣を抜いてはいけません。なぜならテークバックあってのダウンスウィングであり、テークバックで氣が抜けてしまえば、ダウンで氣が戻ってくることはないからです。そのためにこの章では、氣の抜けないハーフテークバックの方法とドリルを紹介します。

もうひとつ大事なことは、テークバックはターゲットに対して行うものだ、ということです。確かにテークバックはクラブを後方に上げる作業ですが、ターゲットの意識がないことが、最も氣が抜けやすい原因なのです。

僕たちのチームでは、実際に打つボールの20～30センチ前に目印を置き、それに向かってテークバックをする練習をさせています。テークバックはダウンスウィングのため、クラブを振り抜いていく方向のためにあるからです。

プロや上級者が上手いのは、その始動のきっかけです。具体的にはフォワードプレスのことですが、ボールに構えてしまったらその動作はできません。その先にあるターゲットに意識があるから初めてできるのです。

両手のひらでグリップを挟み、アドレスしてみてください。その状態からボールの先、20センチのターゲット方向に意識を向けましょう。体の重みをヘッドの一点に集めた姿勢、それがターゲットに構えるということであり、本当のスクエア、つまり氣の入った構えだということも覚えておきましょう。

ここで紹介するドリルは、実際にプロたちがかなり丁寧に、繰り返しやっているものを厳選しました。氣を抜かず、氣を散らさずにチャレンジしてください。

「ヘソとヘッドを氣で結べ」。練習場のマットやメディシンボールなどをクラブヘッドで押してみると、手ではなく腹(体)で押す感覚がわかるだろう。お腹周りの動きが充実しているのが超一流選手。チームのみんなが、ヘソを中心にお腹周りの動きを意識して練習している

テークバック
ドリル 1

リズム素振り

スウィングはスタート（始動）が肝心。ついテークバックが速くなってしまうもの。ペットボトルを垂らして、リズム作り。

いいリズムを、目で体に覚えさせる

ドリルのやり方

① 体の前に1メートルほどの長さにペットボトルを垂らして……

② 左右に動くリズムに合わせて、テークバックフォローを繰り返す

［回数］ 10往復を5セット

こんな人におススメ

テークバックをゆっくり上げられない
手上げ、手打ちになりがち

① ②

カベなどにペットボトルを垂らして、リズム作り。
チーム辻村は、実際に、いつも練習場に常備。
ショット前にリズムのチェックを繰り返し行っている

クラブが動きたいリズムを視覚で覚える

「いいリズムで打つ」は、プロにとっても永遠のテーマ。そのために僕が考え出したのが、紐で結んだクラブを天井から吊るすという方法です。リズムは目に見えません。そこでリズムを目に見えるよう可視化しました。

実はドリルといっても、天井から吊るしたクラブを引っ張り、手を離して大きく揺らすだけ。打席に入った選手はその動きを目で確認すると、リズムを体に刻んでひたすらボールを打つのです。

思いつきの練習法ですが、いろんな発見がありました。ひとつは視覚から入る情報は、リズム良く人間の体を動かすのにとても効果的だということ。打席の後ろで数を数えたり、声をかけたり、スマホのアプリを使って電子音を出したりしてみましたが、揺れるクラブを見るほうが、どんな選手もとてもリズミカルに振れるようです。

テークバックドリル 1

リズム素振り

次に道具であるクラブにも、特有のリズムがあることを発見しました。とかくリズムというと、道具を扱う人間を主体に考えがちです。もちろんそうした考え方も間違いではないでしょうが、まずは道具がどのようなリズムで動きたいのか、それを知ることも重要ではないでしょうか。

テークバックまでにやってはいけないのが、いわゆる手上げという動作です。これをリズムという視点から見ると、道具が動きたいリズムを無視して、手を使ってクイッと急激に上げてしまう動きです。

ところが天井から吊るしたクラブを大きく引っ張り手を離せば、何もしなくても勝手に揺れています。これが道具であるクラブ特有のリズムではないでしょうか。その道具のリズムを知り、人間が合わせるという発想は、新たな発見でもあり新鮮な驚きでもありました。

ちなみに重さや長さ、形状によって、道具にはそれぞれ特有のリズムがあるようです。14本のクラブはそれぞれ違うリズムを持っています。14本の中で一番、重いクラブはウェッジですが、基本、重い道具はゆっくり動きたい特性があるの

胸からクラブを垂らしてリズムチェック

"自家製メトロノーム"を持ち歩いてセットするのは大変なので、代わりに、クラブを垂らして、リズムチェックを行う方法がこれだ

でしょう。往々にしてアプローチ下手な人は、これを急激に上げたり、インパクトで急加速させたりしがちです。つまり、道具のリズムを無視して動かそうとしているわけです。

このドリルは、チームのメンバーみんなに驚くべき効果が表れています。天井からクラブを吊るすのが難しければ、クラブのグリップを片手で持ち、グリップの先端を胸に当ててください。その状態からアドレスの形を作り、ハーフスウィングの動きをしてみましょう。その時のクラブの揺れが、人間が何もしないで動く道具特有のリズムです。

テークバック
ドリル
2

ウェッジでベタ足

テークバックで右足はどうあるべきか。右サイドに体重が移動し過ぎたり、足裏がめくれたりしないようにするドリル

インパクトまで右サイドを安定させる

ドリルのやり方

① ウェッジのフェース面を右足の左側のつま先側で踏む

② ウェッジが倒れないようにインパクトまで右足でしっかり踏み続ける

[素振り] 10回

こんな人におススメ

トップでスウェイしがち
ギッタンバッコンが直らない
トップで右ひざが割れる

アドレス作りのドリルで構えた時の安定感は増しても、テークバックから体がグラグラしてしまう人も多い。右足でウェッジを踏んで、ベタ足素振りを繰り返そう

目に見えない足裏の粘りを体感する

「足裏で地面のパワーを感じなさい」。これは、小祝さくらを指導してからというもの、何度も言い続けてきた言葉でした。王（貞治）さんは一本足で立った時、足裏から出されるエネルギー（氣）が地球の中心まで届くようなイメージで立っていたそうです。そんな荒川先生の思いを僕も選手たちに伝えたかったわけですが、なかなか上手に伝えられない現実もありました。

テークバックは、スウィングのなかで最も氣が抜けやすい動作であることはすでに書きました。そこで僕はどこから氣が抜けるかを考え、選手たちのスウィングを観察しました。するとテークバックの始動が始まってすぐに、右の足裏から抜けていくのではないか、という推論が生まれたのです。

そこで考案したのがロフトのあるウェッジを右足で踏み、地面とシャフトの角度が変わらないようテークバックをするドリルです。つま先側で踏む、かかと側

テークバックドリル 2

ウェッジでベタ足

で踏むの2種類がありますが、いずれも踏んだ時のウェッジのシャフトと地面が作る角度と向きが、変わらないよう振るのがポイントです。

いわゆるギッタンバッコンで、トップで右足内側で体重を受け取めることができない人はつま先側で、スウェイやオーバースウィング、あるいは前傾角が保てず伸び上がる人はかかと側で踏めばいいでしょう。

さて、スウィングに求められるパワーとは、筋力ではなく、捻転差です。テークバックの目的は、突き詰めればこの捻転差をいかに大きくするかだと言っていいでしょう。下から上への回転の順番が大事なのは、上に行けば行くほど捻転が大きくなるからです。では、その大きな捻転を可能にしているのは、実は回転をしないこの右足裏の粘りにあります。僕が小祝さくらに言い続けた、「地面のパワーを感じなさい」とは、そういう意味でもあるのです。

足裏で踏むと、どうしてもクラブが大きく動いてしまう人は、ヘッドを右足甲に乗せることから始めましょう。見えない足裏の粘りを感じられるようになるはずです。

×
下半身が右足外側
に逃げている

ウェッジを踏みながら
しっかり捻転できる
○

右足かかとでウェッジを踏んでスウィングチェック

×

○

「右足への体重移動は、右足に体重を乗せるのではなく、
右足の内側で体重を受け止め、切り返しから右足が左サイドへ動ける
準備ができている状態を作ることだと理解してください」（辻村）

テークバック
ドリル
3

ゴムひも素振り

左腕をハーフウェイまでリズムよく上げる

テークバックでは、手でクラブを勢いよく上げたくなるが、クラブはドリル❶で体に刻んだように、リズムよく上げたい。

ドリルのやり方

1. 腕1本ほどの長さのゴムひもを用意
2. 首と左手親指にゴムひもを引っかけて構え
3. ゴムがたるまないようにハーフウェイまでクラブの上げ下げを繰り返す

[素振り] 10回

こんな人におススメ

手でテークバックしがち
トップが決まらない
トップで姿勢が悪くなる

左腕を長く使い、右腕を
小さく畳んだトップが、
伸び伸びとした
大きなフォローを生む

○ **トップが安定する**

トップがゆるい ×

ハーフウェイまで上げた時に、ゴムが伸び縮みしないように、
首とグリップまでのゴムの張りを意識して、
アドレス⇔ハーフウェイとクラブの上げ下げを繰り返す

テークバックドリル 3

ゴムひも素振り

首と左手の距離、左腕の長さを整える

テークバックにおける足裏の粘りなど、下半身の動きが身についたら、今度は上半身の動きです。アマチュアに多いのがいわゆる手上げ。下から順番に回転することにより体全体でクラブを上げるのではなく、「手を手で動かしてしまう」のが手上げです。

手上げの特徴は、テークバックまでに腕の長さが変わってしまうことにあります。クラブをクイッと上げたり、あるいはインサイドに引き過ぎたりすると、ひじが曲がって腕の長さが短くなってしまうことがわかるでしょう。そこでまずは腕の長さ、特にゴルフで大事とされる左腕の長さを整えるためのドリルです。

首と手の距離感を感じることは、スウィング中に頭をはじめ腕や手が余計な動きをしがちなアマチュアにとって重要なことです。ゴムによって首と手の長さが保たれることで、腕や背中の張りが感じられるはずです。腕や背中だけではなく、いわゆる体幹と呼ばれるコアにも一定の緊張感が生まれます。同時にダウンでクラブの通り道となる大きな懐となり、入射角の安定、ミート率のアップにもつながるのです。ちなみにこの緊張感がないスウィングこそが、体の無駄な動きを生み出す緩みです。

とくに左腕の緩みは、ひじの曲がり、様々な方向への手首の動きが、腕やクラブの余計な動きにつながっています。とくに左腕は腰の高さまでアドレス時の腕の長さをキープすれば、いいトップの位置に上がりやすくなります。いいトップの位置に上がることは、スウィングに求められるパワーの源である大きな捻転差を生み出すことにつながります。

同時にゴルフで重要な左サイドリードのスウィングも身につくことでしょう。

テークバックドリル 4

ペットボトル押し

テークバックで重さを感じるドリル。同時にクラブを20～30㌢ほど、真っすぐ後方に引くドリルでもある

重さを感じながらヘッドを真っすぐ引く

ドリルのやり方

1. 水を入れた500mlサイズのペットボトルをヘッドの後方に置いてアドレス
2. ペットボトルが回らないようにヘッドを真っすぐ引く
3. 上体が起き、猫背が改善される

[回数] 10回ほど

こんな人におススメ

引く方向が不安定
手上げのテークバック
テークバックのリズムが早い

✕ インに引き過ぎ

アウトに上げ過ぎ ✕

クラブが動き出す前に1～2秒、体がねじれる動きがある。テークバックでは20～30㌢ほどは真っすぐ引いたほうがいい。なぜならヘッドを真っすぐボールに入れていきたいから。安定したスウィングはこの真っすぐ引く時間（長さ）から生まれる

ペットボトル押し

ヘソから動くテークバックを身につける

テークバックの始動は、トップの切り返しと並んで難しいもののひとつとされています。何事も静止した状態から動き出す「静から動」は難しいもので、コツやタイミングといった繊細な感覚や技術が求められる領域です。

もっとも、完全に静止した状態がないのがプロや上級者とも言えます。呼吸はもとより足踏み、ワッグル、フォワードプレス……。「静」ではなく「流」。止まるのではなく流れながら、動き出しているのです。

では、テークバックの始動はどこから始めたらいいのでしょうか。これについて僕は「ヘソから始めなさい」と教えています。実際にヘソの位置や向きを大きく変えろ、と言うのではありません。ヘソ（臍下丹田）を意識することでそこに氣が集まるイメージも湧くでしょう。ヘソに氣が集まれば「重みは下」の構えにもなるし、どっしりした構えは無駄な力み、無駄な体の動きを取り除くことにも

ボールの10センチ先からヘッドを引くイメージ

ボールの10センチ先に、仮想のボールをイメージしてそこからテークバックするイメージでヘッドを引く感覚を身につけよう

繋がります。

ヘソは体の中心であり、体の動きをコントロールする軸なのです。スウィングも例外ではありません。ヘソから動けばゴルフは簡単です。となるとテークバックは、当然のことながらヘソから始まります。

それを身につけるために行うのがこのドリルです。ヘッドの後ろに水の入ったペットボトルを置きます。それをテークバックで真っすぐ後方に動かしましょう。いわゆる手上げではペットボトルを後方に押せません。押す前にヘッドが浮いてしまうからです。また、アマチュアに多

テークバックドリル ４

ペットボトル押し

い、やはり手でインサイドに引き過ぎるタイプは、ペットボトルが真っすぐには動きません。アウトサイドに引き過ぎるタイプでも同じです。

ペットボトルの大きさは５００mlから1リットル。重さはヘソで真っすぐ後方に動かせる量で調整してください。20センチから30センチは後方に真っすぐ動かせれば、それがヘソから動き出せている証拠です。

なかなかできない人は、誰かにヘッド後方に足を置いてもらいます。これではテークバックができません。この時、ヘッドを後方に動かそうと、下腹部の腹圧が高くなることがわかるのではないでしょうか。この腹圧の高まりがヘソから動き出すことであり、正しいかどうかはわかりませんが臍下丹田の氣がヘッドに向かって流れ始める瞬間だと僕は考えています。

これがテークバックの始動のコツとタイミングであり、「ヘソから動けばゴルフは簡単」と僕が考える理由です。ちなみに腹圧はフッと息を吐き出すことで高まります。「重みは下」の構えが、呼吸法によって作られることにも通じる話ではないでしょうか。

チーム辻村の最強ドリル

CHAPTER

3

レベルスウィング

スウィングの基本は水平回転&円運動

クラブの動きを安定させるには安定した体の動きが不可欠。
そして安定した体の動きとは、
レベルスウィングと言い換えることもできる。
レベルスウィングの正体と手に入れる方法を探る！

チーム辻村の最強ドリル
CHAPTER
3
overview

レベルスウィングが高速の円運動を実現する

スウィングの基本はレベルスウィングにあります。僕が毎日、選手たちに教えているのは、突き詰めればこのレベルスウィングの習得といっても過言ではありません。

体は第一の道具です。第1章ではそれを使いこなすために、正しい姿勢で立つこと、構えることの重要性を述べました。そしてスウィング中の正しい体の動き方が、この章で学ぶレベルスウィングです。体が第一の道具だとしたら、ボールを打つクラブは第二の道具。クラブを思い通りに操るためには、まずは体をレベルに回転させることを身につけましょう。

ちなみに同じレベルでも、ゴルフにはレベルブローという用語があります。こちらは体の動きではなく、クラブヘッドの動きを指す言葉です。ある時、僕はこの体の動きのレベル（スウィング）とクラブの動きであるレベル（ブロー）を、混同して誤解している人が多いことに気がつきました。

ジャンボ尾崎さんの全盛期を支えた佐野木計至さんという、伝説のキャディがいます。縁あって親しくさせてもらい、いろんなアドバイスをしていただいています。その佐野木さんが、ある時、こんなことを言いました。

「オレはこれまで何十人、何百人とプロゴルファーを見てきたが、ジャンボほどレベルスウィングにこだわった選手を見たことがない」

僕はこの佐野木さんの言葉を、あるゴルフ雑誌に書いたことがありました。

すると多くの読者から、

「ジャンボさんはアッパースウィングではないのか？」

という意見や疑問が寄せられたのです。

確かにジャンボさんのスウィング、特にドライバーショットはアッパースウィングのイメージがあります。左肩が上がり、右肩が下がったアッパーなアドレスだからあの飛距離が出る、と力説する人もいました。そういう僕もゴルフを始めた少年時代はジャンボさんに憧れ、ジャンボさんの飛距離に近づこうと、左肩口の袖を右手でちょいと引っ張っては、左肩が上がり右肩の下がったアドレスを真似したものです。ところがこのモノマネ自体が、とても大きな誤解でした。

というのも、実際のジャンボさんの連続写真や映像を見ると、スウィング中に肩は前傾に対してレベルに回っています。さらに下半身に注目すれば、ひざや腰は地面と平行、つまりレベルに回転していました。

佐野木さんによれば、ジャンボさんが特に繰り返してやった練習のひとつに、みかん箱の上にティーアップしたボールを打つものがあります。この目的は体をレベルに回転させることで、佐野木さんに言わせれば、

「レベルスウィングでなければ、空中にある高いボールを打て

るはずがない」

という理屈になります。

ちなみにゴルフは状況によって、いろんな打ち方が求められます。ティーアップしたボールはアッパー、パンチショットはダウン、フェアウェイウッドやユーテリティはレベルブローに、などと教えるレッスンプロも少なくありません。しかし、ここでいうレベルとはクラブヘッドの動きのことで、一流選手の体の動きはあくまでもレベルに回転しています。逆に言えば体がレベルに回転しているからいろんな打ち方、ボールに対していろんなクラブヘッドの入れ方ができるのです。

余談ですが佐野木さんは、徳島・海南高でジャンボさんの1年後輩、エースのジャンボさんとともに1964（昭和39）年春の甲子園で、全国優勝した時のメンバーです。その後、荒川先生の母校である早稲田大学野球部に進まれました。そんな不思議な縁もあることを付け加えておきます。

では、スウィングの基本であるレベルスウィングを身につけるドリルを紹介していきましょう。

レベルスウィングの確認ができるジャンボ尾崎らが実践した練習法。ティーアップの高さでハーフウィング。100〜150ヤード程度飛ばすドリルだ。練習場では難しいので、代わりのドリルとして、この章の3「三段階素振り」でレベルに振る感覚をつかもう。写真右が佐野木さん

レベルスウィング
ドリル
1

長い棒を振る

軸がブレないスウィング作り

ゴルフスウィングは体重移動を行うが過度に、左右に大きく体を動かしてしまう人は多い。その場回転の感覚を長いものを振って身につける。

ドリルのやり方

1. ドライバーより長い棒を用意して、両肩にセット
2. 肩幅に両足を広げ前傾姿勢で構える
3. スタンスの中心を軸にして、回転運動を繰り返す

［回数］ 20~30回

こんな人におススメ

下半身がレベルに回転できない
軸がブレる、傾く
前傾角をキープできない

○ 棒がターゲットを向くまで回転する

右ひざを曲げて腰の回転を補助 ○

最初は両足を揃え、前傾角を作らずに回転してみよう。両股関節に棒を当て、
腰をレベルに回転させると肩もレベルに回転することがわかるはず。
これができるようになったら両肩に棒をセットし、徐々にスタンスを広げ、前傾角を作って回転してみよう

レベルスウィングドリル 1

長い棒を振る

地面と平行に肩とクラブを回すことから

難しいドリルではありません。よくスタート前のコースで、肩にクラブを背負って皆さんがやるあのストレッチ運動です。体をほぐすのを目的にするだけではなく、レベルスウィングの習得を目指しましょう。

そこでこのドリルでは、前傾角を作らずに真っすぐに立って肩を回転させることから始めてください。多くのアマチュアの皆さんの準備運動を見ていると、アドレスのように前傾して構え、足を大きく使って体重移動しながら回転していきます。それはそれでウォーミングアップとしては効果があるでしょう。しかし、この下半身の積極的な動き（余計な動き）が、一方でレベルスウィングのできない要因になることも覚えておいてください。

そこで地面に垂直に立ったら、下半身を動かさないようどっしりと構え、肩に担いだクラブだけを回します。そうすることによって意識しなくても、肩やクラ

チーム辻村のシーズン前キャンプ風景。長い竹を握り、竹が地面にぶつからないようレベルに振る選手たち。長く重いだけに下半身主導のレベルスウィングが身につくドリルにもなっている

ブが地面と平行、つまりレベルに回転していることがわかるでしょう。アドレスのように前傾角を作って回転するのは、これができるようになってからの次のステップです。

前傾角を作る場合は、なるべくスタンスを広くしましょう。下半身の余計な動きをなくすためです。これは物干し竿など長いものでやってみればわかりますが、猫背だとトップでもフィニッシュでも物干し竿の先端は目の前まで届きません。

逆にいい姿勢で上半身が脱力すれば、いくら体が硬くなったと嘆く人でも、自然と肩が回ることに気がつくはずです。

レベルスウィング
ドリル
2

四股スウィング

低重心で回転する感覚を磨く

体の重心が不安定で、上下動やスウェイを繰り返してしまう人は多い。四股を踏むように両ひざを曲げ、重心を低くして素振りをする。

ドリルのやり方

① クラブを肩に担ぎ四股を踏む姿勢で低く構える

② 頭の高さを変えないでトップで肩を90度回しフィニッシュまでの回転運動を繰り返す

[素振り] 20回素振り

こんな人におススメ

ダウンで伸び上がり、
インパクトで右腰が前に出る
アドレスの前傾をキープできない

頭の上に板を当てて天井をつくり、頭が上に動かないよう四股スウィングをやることも。
低い姿勢であれば、自然と下半身はレベル回転し、胸も肩もレベルに回転する
体が回るスペースは足の回転でしか生まれない

ゆっくりの動き、低い姿勢は最も高い技術である

ドリル❶からさらにスタンスを低くし、相撲の四股のように大きく腰を落として、肩に担いだクラブをレベルに回転させます。クラブがなければ両手を大きく広げ、腕の高さをキープしながら地面と平行に回転させるのもいいでしょう。下半身をしっかり固定することで、トップで右股関節が〝入る〟感覚、骨盤を意識しながらダウンで左股関節に徐々に〝移す〟感覚、フィニッシュでは完全に左股関節が〝入る〟感覚がわかるはずです。それがスウィングに求められる下半身の粘りであり、同時にその張り具合がやはりスウィングに求められる上半身のねじれです。頭の上に板を乗せたつもりで回転してみましょう。

慣れてきたらできるだけゆっくり回転してください。最初は1スウィングで10秒、それを20秒、30秒と長くしていきます。

このゆっくりの動きには、高い技術が求められると僕は考えています。実際、

レベルスウィングドリル 2

四股スウィング

やってみればわかりますが、動きはゆっくりであればあるほど体はキツいでしょう。低い姿勢も同じです。

逆に言えば速い動き、高い姿勢は楽なのです。その楽な動きに甘えてしまうのが、スウィング中に生まれる体の無駄な動きです。

肩にクラブを担ぎますから、上半身をレベルに回転させるためのドリルと感じるかもしれません。しかし実はひざ、腰といった下半身を左右対称に、同じ高さで回すためのドリルです。レベルスウィングは下半身がレベルに回ることで、上半身もレベルで回転することを覚えておいてください。

四股がキツいという人は、椅子に座ってやっても構いません。ちなみに選手たちは、2人1組でひとりが四股の姿勢でもうひとりの選手をおぶり、このドリルに取り組んでいます。

高校3年生から指導をしている小祝さくらは、当時、インパクトで体が浮き上がりレベルに回転できずにいました。ありとあらゆる練習法を試しましたがそのなかで最も効果のあったのが、この四股スウィングだった気がします。

小祝プロは自宅や練習場、スタート前に
四股ストレッチを繰り返すことが多い
「正しい足の使い方ができなければ、
四股スウィングは不可能です」（辻村）

また、「もっとインパクトを低く長く」、「インパクトまで胸でボールを見続けろ」など、いろんなアドバイスもしましたが、やはり最も効果があったのが「右ひざを左のひざ下に潜り込ませるつもりで」ではなかったでしょうか。実際に、アドレスで構えたさくらの前に座り、彼女のひざをそれぞれ片手でつかみながら、右ひざを左ひざの下裏に潜り込ませもしました。

レベルスウィングは下半身から始まります。インパクトまで左右のひざ、腰を同じ高さにキープできれば、レベルスウィングは完成です。

レベルスウィング ドリル 3

三段階素振り

スウィングプレーンが安定する

体を真っすぐ起こして、クラブを水平に振る。これはできても、前傾すると、クラブを上げて戻すだけの運動が難しくなる。腰、ひざ、地面の三段階で、素振りを繰り返すドリル。

ドリルのやり方

1. 真っすぐ体を起こし 腰の高さで 素振りを10回
2. やや体を前傾し ひざの高さで 素振りを10回
3. 地面にある ボールの高さで 素振りを10回

[素振り] 10回×3セット

こんな人におススメ

クラブの重さを感じられない
ダフリ、トップが直らない
軸がブレる、体が上下動する

× クラブが外から入る

クラブが寝て入る ×

三段階に角度を変えて、トップ⇔インパクトの運動を繰り返す。
この運動に慣れてきたら、アドレス⇔フィニッシュまでの
運動にアップグレードして、素振りしよう

三段階素振り

スタート前に腰、ひざ、ボールの高さで素振り

ジャンボ尾崎さんがミカン箱の上に高くティーアップしたボールを打つ練習を、積極的に取り入れていたことはすでに述べました。上手い人ほど高いボールのさばき方が上手いものですが、どんな高さのボールもクリーンに打てるのはレベルスウィングという高い技術を持っているからです。

僕たちのチームでも、ペットボトルのキャップにゴムのティーペグを接着剤で貼り、いろんな高さにティーアップしたボールを打たせています。時々、知り合いのアマチュアの方にも打ってもらいますが、ほとんどの人は当たりません。ボールの下側、ペットボトルだけを打ってしまうのです。たまに当たったとしても、ボールが真っすぐに飛ぶことはまずありません。

理由は体がレベルに回転しないためで、右肩が下がりクラブヘッドが下から入ったり、右肩が早く動き出したりクラブが急角度で外から下りてきたりするから

です。さらに言えばクラブヘッドの重さが感じられないため、重力に負けてボールの下側を振ってしまうのでしょう。コースに出たら大ダフリを連発する原因です。さらに言えば、フェースの向きを意識できなければボールが真っすぐ飛ぶことはありません。

練習場ではなるべくティーアップしたボールを打つようにしてください。コンパクトスウィングを心がけ、ライナー性のボールを打ちましょう。飛距離を求めて大振りすると、レベルスウィングにはなりません。

どこに飛んでいくかわからない人は、腰、ひざ、地面にあるボールを想定した三段階の高さで素振りします。それぞれの高さで10回程度、連続してやることがポイントです。体の回転もスムーズになりますし、クラブの軌道も安定します。クラブヘッドを浮かせて違う高さを振ることは、クラブヘッドの重さを感じ、フェース面をコントロールすることにもつながります。

これをスタート前にやれば、とてもいい準備運動にもなります。

杖つき素振り

クラブを杖代わりに置くことで、アドレスの前傾をキープしたまま、右手をレベルに振ることができる。

フィニッシュまで前傾角をキープさせる

ドリルのやり方

1. クラブを左足と左目の下に立てて、右手をセット
2. クラブと腰の間を引くようにテークバック
3. 2から、クラブと腰の間を通すように、右手を振る

[素振り] 20回連続素振り

こんな人におススメ

インパクトで右ひざが出る
前傾角がキープできない
フィニッシュまで振れない

× 腰やひざが前に出てしまう

フィニッシュまで前傾キープ ○

アドレス、トップ、インパクト、フィニッシュ……と
右手を動かすだけでなく、クラブを振る意識でフットワークも使う
「体の外回転はエネルギーロスでしかありません」(辻村)

杖つき素振り

どこまで胸でボールを見続けていられるか

レベルスウィングは、インパクトまでどれだけ前傾角をキープし、「胸（体の真正面）でボールを見続けていられるか」が大きなポイントになります。そのためのドリルがクラブを左手で左目の下で杖のようにして持ち、体との間にできた空間を右手で振るシャドースウィングです。

インパクトで体が伸び上がったり、アドレス時より手元が浮いたり、といった症状は、これによって防ぐことができます。また、腕やクラブが遠回りしてアウトサイドから下りてくる軌道も、このドリルによって修正できるでしょう。

小祝さくらには、指導を始めた高校時代から「右ひざを左ひざ裏に潜り込ませるように」と指導してきました。ダウンで右ひざが前に出てクラブが遠回り、かつ飛距離を出そうとしてクラブヘッドがアンダーから入るためです。僕はさくらの前に座り、両手でひざを持ってこの動きを徹底させました。

そして僕がいない時、ひとりでやらせたのがこのドリルです。インパクトまで前傾角をキープすることで、右ひざが前に出る症状が次第に修正されてきました。それは胸でボールを見続ける時間が長くなり、長く低いインパクトへとつながっていきます。

点だったインパクトが、少しずつ線になっていったのです。それによりインパクトで、強くボールを押せるようになりました。さくらの弱々しかったボールは、こうして強くなっていったのです。

このドリルで一番感じてほしいのは、胸でボールを長く見続けることによる、体の張りであり、体幹のキツさであり、インパクトで高まる腹圧です。それがレベルスウィングに求められる〝締まり〟です。

1秒でも長く
胸でボールを
見続けて
ください

レベルスウィングドリル 5

ひざ挟み

ひざに挟んだペットボトルを落とさない

両ひざに水の入ったペットボトルを挟んで素振りを繰り返す。ひざの動きが小さいので、スウィングも安定する。

ドリルのやり方

1. 両ひざにペットボトルを挟み、クラブをセットして構える
2. ペットボトルが落ちないように素振りを繰り返す

[素振り] 20回

こんな人におススメ

インパクトで右ひざが出る
上下動が大きいスウィングの人
打点が悪い人

ペットボトルを落とさないように、切り返しから、左足裏、左ひざ、右足裏、右ひざの順で足を動かし、上半身がターゲットを向くまで回転させる

両ひざにペットボトルを挟んで、両ひざをクルッ

最近、選手たちによくやらせているドリルがこれです。両ひざにペットボトルを挟み、これで素振りをさせたり、実際にボールを打たせたりもします。ペットボトルを挟むことで左右のひざの高さがキープできます。また、ペットボトルを落とさないよう、狭いスタンスしか取れません。そのため、ひざばかりでなくフットワークの余計な動きも抑えられ、足裏の粘りも感じられることでしょう。

最初は違和感があるでしょうが、慣れてくると体がスムーズに回ることが理解できます。フィニッシュでひざに挟んだペットボトルは、しっかりターゲット方向を向いているはずです。ペットボトルばかりでなくヘソ、胸、顔と、フィニッシュではターゲットに対して体が真正面に向いていればレベルスウィングができています。下半身がレベルに回転すれば、上半身は勝手にレベルに回転するのです。

レベルスウィング
ドリル
6

目線水平

レベルスウィングは目線がカギになる

レベルスウィングは、目線と視界を安定させることも重要。スウィング中、左右の目を同じ高さにキープするためのドリル。

ドリルのやり方

1. キャップから垂らした洗濯バサミで棒を水平にセット
2. 構えてからフィニッシュまで、棒を水平にキープしながらゆっくりクラブを振る

[素振り] 5~10回

こんな人におススメ

ヘッドアップしがち
スウェイorオーバースウィング
軸が傾いてしまう

目線や頭(首)が傾くと棒を水平にキープできない。ゆっくりでいいので、とにかくフィニッシュまで水平をキープし続けること

レベルスウィングは目線もレベルにキープする

次は体の動きではなく目線、視界を安定させるドリルです。これは特にプロを目指す研修生や若手プロ、あるいはツアーに出ている選手でも、調子が悪くなった時にやらせています。

キャップのつばに洗濯バサミなどで、ひもに結んだ棒を垂らします。アドレスすると、目の真下に棒が一直線なるようにセットします。この状態でゆっくりと腰から腰までシャドースウィングをしましょう。アドレス時の視界である、棒が目の真下で真っすぐな状態をキープすることがポイントです。

レベルスウィングができないアマチュアは、スウィング中に視界が大きく変わってしまいます。ボールをしっかり見ろ、頭を動かすな、という定番のレッスンはそうして生まれました。ただ視界が変わっても、瞬時に眼球が動いて元の視界に戻そうとするのが人間の精密な体です。そのため視界の変化にはなかなか気が

レベルスウィングドリル 6

目線水平

つきません。

そこでキャップから棒を垂らし、目の下で真っすぐな状態をキープしているかを確認します。視界をキープすると同時に、左右の目の高さもキープできるドリルと考えてください。腰の高さまで振ったら、何回かに一度はそこからフィニッシュ。この時、体全体がターゲットに正対していると同時に、キャップにとりつけた棒が地面と平行になっているかを確認しましょう。これができたらレベルスウィングの完成です。

わざわざキャップに取りつけるのが面倒くさいのであれば、左手でクラブや棒を水平に持ち、右手1本で片手素振りをするのでも構いません。むしろクラブや棒を左手でしっかり持つことで目の下の一直線が保たれ、左右の目が同じ高さにキープできる効果があります。

実際にボールを打ったり、ラウンドでチェックしたりする時には、応用としてキャップを深くかぶるなどの工夫もできるでしょう。わきを締め、アゴを引き、目線を低くするのも、いい姿勢につながります。

クラブや棒を水平に持って片手素振り

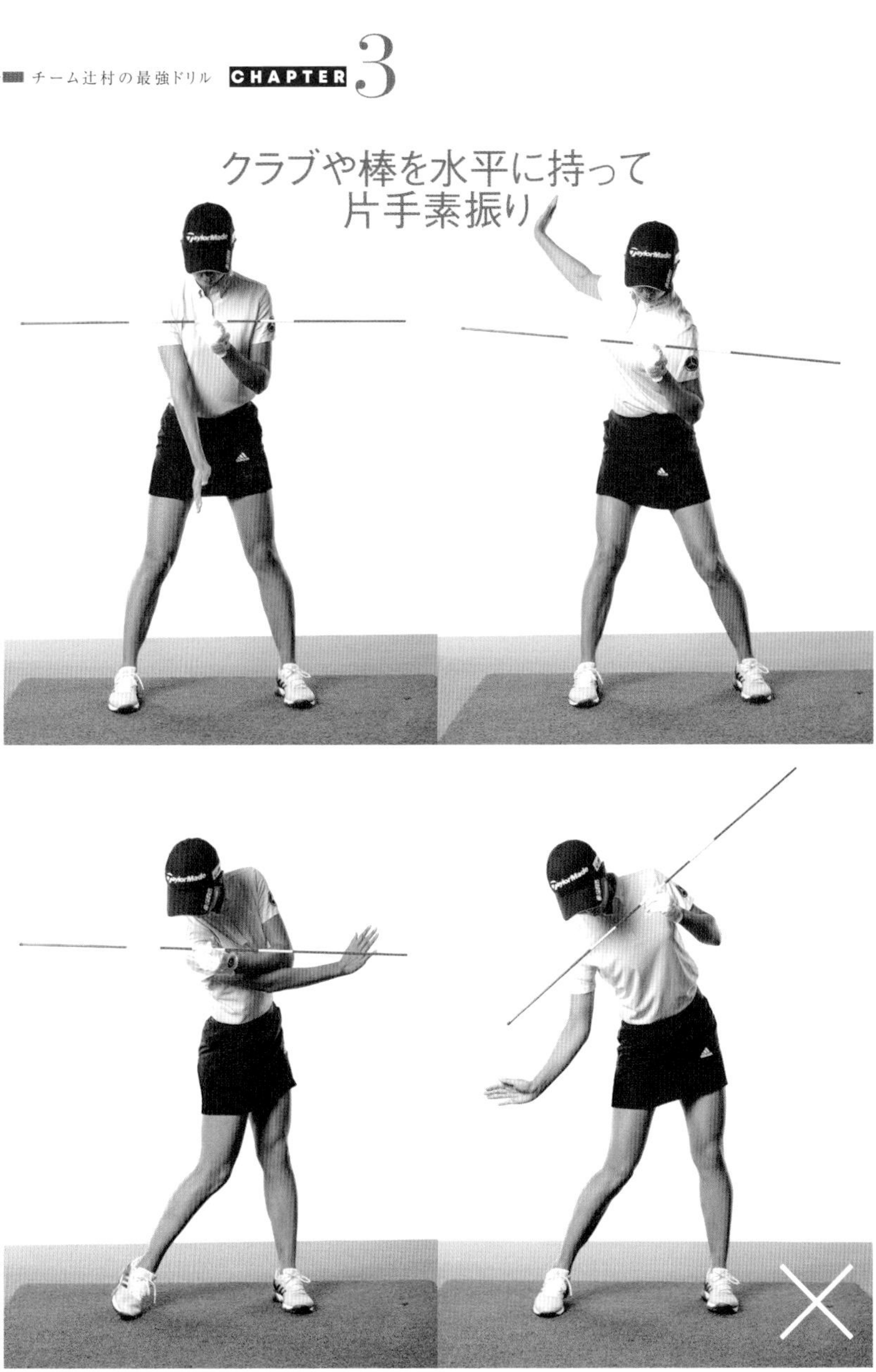

ボールをずっと見続けるように、棒の下をイチ、ニッ、サンとリズムよく素振りする
「フィニッシュで平行に目線が収まったら、しっかりと左足に乗れて、右足から
歩き出すことができる最高のフィニッシュバランスの完成です」(辻村)

レベルスウィングドリル 7

直ドラ

レベルスウィングのチェックドリル

レベルスウィングドリルの集大成。ドリル❻までの素振りとショット練習を繰り返したら、直ドラに挑戦。

ドリルのやり方

ノーティーアップで
ドライバーショット。
レベルスウィングが
体に染みついて
きたら
直ドラでも
ナイスショット
できるはず!?

［球数］練習最後に 10球

こんな人におススメ

レベルスウィングで
クラブが振れているか
どうかチェックしたい

体がレベルに回れば球際のヘッドもレベルに動く

練習場で行った練習の最後に僕が選手たちに必ずやらせているのが、直ドラを10球打たせるドリルです。体がレベルに回っているか、つまりレベルスウィングができているかどうかをチェックするのが目的です。

直ドラで強く低く、そして右への曲がりもわずかなライナーが打てれば、腕や手、そして球際のクラブヘッドがレベルに動いている証拠です。

両腕の高さがレベルではなく、左腕が右腕より高いと、手元が浮いて、ヘッドはボールの手前に落ちるので、ダフりやすくなります。右腕が左腕より高ければ、ダウンで右肩が出て左に引っかけるミスが出やすくなるでしょう。腕の高さひとつとってもレベルに振れるようになるために練習は必要です。

しかし、この章で紹介したドリルができるようになった人は、腕以外にも水平にクラブを振れるようになり、ショットに自信が持てるようになっていませんか。

小祝さくらに教えたこと

連続素振りで軸の傾きを修正 手足一体の「間」を身につけた

1998年生まれの黄金世代のひとり。
2019年に初優勝を飾ると、21年は開幕戦から4勝を挙げ、
賞金女王争い。
辻村が教え始めて5年目にして、大躍進。

それまでプロしか指導したことのなかった僕が、最初に見たアマチュアが（小祝）さくらです。すでに述べたように正直、余裕もなく見るつもりもありませんでした。

ただ偶然というか運命というか。互いの日程を調整して、ようやく初めて出会ったのが荒川博先生の葬儀の夜。僕は喪服でさくらの指導をしたことを覚えています。先生を僕に紹介してくれた方は、

「これは荒川先生の天国からのプレゼントかもしれないよ」

と言われました。当時は冗談半分に聞いていましたが、今にして思えば本当なのかもしれません。そういえば先生は、「弟子は10人作れ！」と口癖のようにおっしゃいました。当時は意味がわかりませんでしたが、今は、何人かを教えることで僕自身が成長していることを実感します。桃子と僕は選手とコーチの対等な関係。その意味で弟子と呼べる第一号がさくらと言っていいかも知れません。

さて、そのさくらに教えたことですが、ひとつ挙げるのはとても難しいことです。プロテスト

長い棒を振ったり、
四股素振りをしたり、
辻村式ドリルで開眼。
トップが安定した

小祝は、辻村のドリルを楽しんでいる

（練習動画より）

の直前までは月に1度、北海道から来ていました。けっして裕福な家庭の子ではありませんから、僕の家に泊めて3日から5日の合宿をする形で教えました。この時、教える条件として出したのが、北海道に帰っても毎日3キロを走り、100回の素振りをすること。一昨年、サマンサタバサで初優勝した夜、身内だけの簡単な祝勝会の後、「走ってきます」と会場を後にした姿に、「この子はまだまだ強くなるな」と確信したものです。

　まず教えたのは立ち方。とにかくいい姿勢、勢いのある姿で立つことを教えました。先に優勝したCATレディースで、「地面のパワーを感じろとかコーチの言う不思議な言葉の意味が、最近、ようやく少しだけわかる気がします」

と、さくらはコメントしていましたが、僕はさくらのアドレスを１０００回以上は押して体がグラつかないかどうかチェックしてきたと思います。

プロになる前はボールの勢いが弱すぎました。当時、ヘッドスピードは40m/sもありませんでした。そこで徹底的にやらせたのが、ひと呼吸での連続素振りです。最初は5回で唇が青ざめ、軽い貧血になった姿を今も思い出します。それが5年を経てチーム1の21回を数えるようになり、ヘッドスピードも45m/sになりました。連続素振りは軸の傾き、さくらの悪いクセであるいわゆるギッタンバッコンも修正できたと思います。

スウィング的には体が手から外れ、手と足の動きがバラバラでした。それを修正するために両わきにタオルをしっかり挟んでの素振りや、インパクトで声を出させてボールを打たせたり、写真のように四股を踏んだ状態で下半身と上半身一体でのスウィングのフットワークを磨くといった地道なドリルを繰り返しました。

ちなみに手足一体の「間」を身につけるコツは、軸を安定させ、手の運動量を減らすことだと、僕自身が学びました。

チーム辻村の最強ドリル

CHAPTER

4

インサイドイン

究極のダウンスウィングと究極のフォロースルー

究極のスウィングプレーンは体の近くをクラブが下り、
体に巻きつくように振り抜くインサイドイン。
クラブを体の真正面から外さないことが、
"道具を使いこなす"ということでもある！

overview

「上から、内から、最短で」が究極のダウンスウィングだ

いよいよボールを打つためのダウンスウィングです。2章ではスウィングの最初の段階であるテークバックで、ほぼスウィングの70パーセントは完成したと書きました。残る30パーセントが、これから一緒に考えていくダウンスウィングです。

「上から、内から、最短で」は、打撃における荒川先生の口癖でした。僕の目指すダウンスウィングでもあります。ちなみに「上から」はダウンブロー、「内から」はインサイドに下ろす

こと、そして「最短」とは体の最も近くを通すことです。

野球のスウィングには大きくバットを後ろに動かす、ゴルフのバックスウィングに当たる動きがありません。なかには大きくバットを後方に動かす選手もいますが、先生に言わせれば「そんな反動を使う選手は大成しない」と一刀両断でした。

反動を分字すると「反重力」、つまり重力に逆らう動きだというわけです。重力に逆らえば余計な力と無駄な動きをするしかなく、それが先生の理想とは正反対の「下（横）から、外から、遠回り」のスウィングになる、というわけです。ちなみに野球のスウィングではこれをドアスウィングと呼んでいます。野球は動くボールを打つスポーツですから、反動を使ったドアスウィングでは豪速球は打てません。

野球の打撃理論をそのままゴルフに当てはめることはできないかもしれません。しかし、トップでクラブがいい位置に上がりさえすれば、十分に通用する理論だと僕は思います。

長くレッスン界では、スウィングプレーンについて大きくインサイドアウトとアウトサイドインの2つに分けてきました。前者はプロや上級者に、後者はアマチュアに多いスウィングで、そのためアマチュアはインサイドアウトにスウィング改造することが大きな目的だったように思います。

実際、アマチュアにはアウトサイドインが多く、カット軌道はスライスになり、ボールが飛ばない原因です。そのためインサイドアウトを目指すのは、間違いとは言えません。

しかし、実際に一流プロのスウィングを見てみると、インサイドアウトかといえばそうでもありません。確かにクラブはインサイドに下りてきますが、インパクトを過ぎて体の近くをインサイドに振り抜いている選手が多いことに気づきます。特に男子はその傾向が強いようです。右ひじをどれだけ最短に入れてこれるかにかかっています。

僕たちが目指すのは、実はこのスウィングです。さらに一歩進んでいえば、「インサイド・ストレート・インサイド」スウィング。どこがストレートかといえばインパクトゾーン。ちょうど右足から左足までのビジネスゾーンと呼ばれるところです。この動きでインパクトは点ではなく線になり、低く長くすることで強くボールを押せるのです。

では、トップの切り返しはどこから始めたらいいでしょう。

切り返しは、上半身、下半身で言ったら下半身リード、右半身、左半身で言ったら左半身リード。すなわち左下半身からリードして、右上半身は最後につられて動き出す、これが理想です。しかし、多くの読者のみなさんは右上半身から切り返し、右肩が先に出て、体が開き、左下半身が上手く使えないので、左サイドからリードできず、鋭く素早いスウィングができないでいます。

切り返しは足裏の意識から始まると僕は考えています。

「クラブは振るんじゃない。手元をお腹の下に落とすんだ！」

これは僕が選手によくいう言葉。ダウンスウィングが下から始まれば、脱力した腕と手は自然の位置に戻ってきます。アドレス時の手と腕の位置が自然なら、重力で勝手に落とせば再現性の高いスウィングになるでしょう。ちなみに成人男性の両腕の重さは約10キロ。ただ落ちるだけでも凄まじい破壊力です。重力に従えば上から、内から下りるしかありません。あと必要なのは右足から左足までの距離を、クラブヘッドをストレートに動かすちょっとした頑張りと、打ち終わったらクラブを体に巻きつけるようにインサイドに振り抜いていくことだけ。

ところで僕はいつも現役時代の王さんのスウィング写真を、部屋に飾って眺めています。

「ライト線に上がった王の打球は絶対に右に切れず、ポールを巻くようにしてライトスタンドに飛び込んでいった」

も、荒川先生の口癖でした。ゴルフで言うならパワーフェードと呼ばれる、飛んで曲がらない、そして止まるボールです。僕たちの目指すスウィングはここにあります。

インサイドイン
ドリル 1

ロープDEプレーン

まずはインサイドインの軌道を作る。アウトサイドイン、インサイドアウト……、今のあなたの軌道は？

インサイドへ引きすぎ注意

ドリルのやり方

1. ロープをターゲットライン上に合わせてひざの高さに張って、ロープの外にクラブを構える
2. ロープに当たらないようにバックスウィング
3. ダウンスウィングでロープの内側にクラブを通して振り抜いていく

［回数］ ゆっくりできるまで

こんな人におススメ

クラブが外から下りる
クラブを外に上げ過ぎる
スウィング軌道が安定しない

× クラブが外から下りてくる

インに引き過ぎないように ×

アゴの下、腰の高さにロープを張り、どこでクラブがロープに当たるかを確認、
まずはひざの高さにロープを張り、自分のスウィング軌道をチェックしよう。極端にインサイドに上げる人は、
グリップをロープの前に。ゆっくりロープをなぞってスウィング改造

インサイドインドリル 1

ロープDEプレーン

ロープに当たらないようクラブを動かす

ロープにクラブが当たらない腕の通り道が理想のボディターンを作る練習法です。ゴルフ雑誌や試合会場などで見たことのある人も多いかもしれません。まずアゴの真下、腰の高さに飛球線と平行にロープを張ります。アゴの下はアドレスでのグリップの位置。その内側にクラブをセットしテークバック、ダウンスウィング、ストレートを意識したインパクト、そしてフォロー、フィニッシュと、手や腕、クラブがロープに当たらないよう振り抜いていくドリルです。

手上げ、テークバックでインサイドに上げがちで、ダウンがアウトサイドイン軌道になる人は、アドレスでロープの外にクラブをセットしてもいいでしょう。アウトサイド気味にクラブを上げることで、トップで8の字を描いてインサイドに下ろす感覚がわかります。

トップの切り返しはクラブを下ろすというより、すでに述べたように重力を使

チーム辻村は難易度アップ！練習場のイスなどを使う

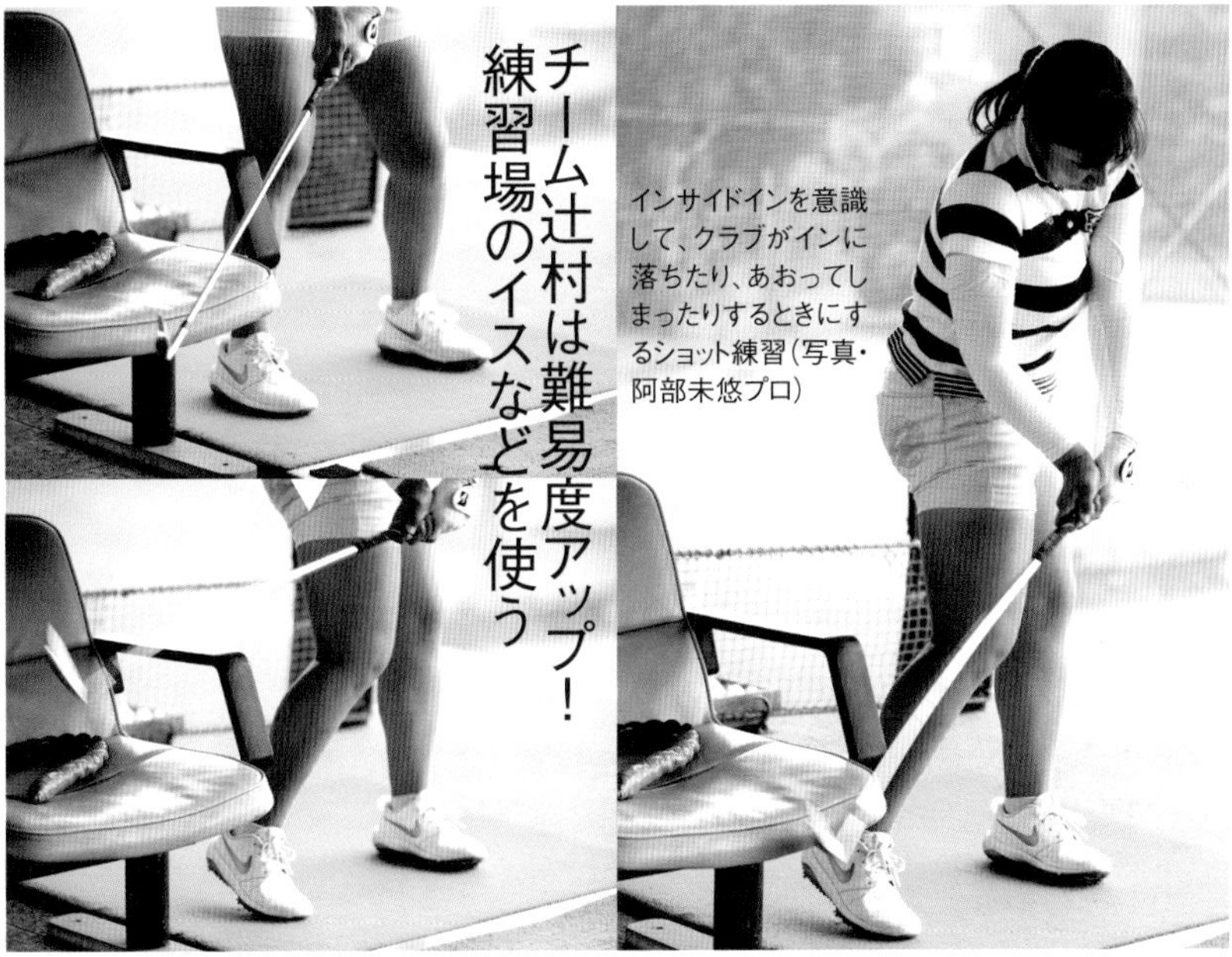

インサイドインを意識して、クラブがインに落ちたり、あおってしまったりするときにするショット練習（写真・阿部未悠プロ）

って腕を落とすといったほうが適切でしょうか。切り返しは下半身から始まります。下半身から動き出せば、腕とクラブは勝手にロープの内側、つまりインサイドに落ちるはずです。どうしてもクラブが外からロープに当たる人は、腕を落とす動きを繰り返しましょう。ロープを張らなくても左手で右の耳たぶを持ち、そこから左手をスッと落とすだけのボディドリルも効果的です。

このドリルは、目線の安定にもつながります。またインパクトで体が伸び上がり、手元が浮くタイプの人にも効果的です。

インサイドイン
ドリル 2

インサイドに振り抜け

ドリル❶で、ある程度インサイドインでクラブが振れるようになったら、もう1ステップ。フォローでクラブがアウトに抜けない練習をしよう

アウトサイドにクラブが抜けないように振る

× ヘッドがアウトに出てしまう

○ インにクラブが振り抜けている

ドリルのやり方

ペットボトルをターゲットライン上のやや外側、左足の前に置いてショット練習。ヘッドが当たらないように振ろう

ペットボトルを置くこのドリルはまずは素振りから始めよう。ヘッドがボトルに当たらないように、徐々にボトルをターゲットラインに近づけていくこと

［球数］ 30~50球

こんな人におススメ

フォローでヘッドがアウトに抜けてしまうあおり打ちの人

ペットボトルに当てない素振りと打ち込み

インサイドに振り抜くために、よく選手たちにやらせる練習です。セットしたボールの約1足分先、ボール1個分外にペットボトルを置きます。このペットボトルにぶつからないよう振り抜いていくドリルです。

ペットボトルに当たらないように打つのは、プロでもなかなか難しいもの。この練習を取り入れた当時、ペットボトルも一緒に打ってしまう選手がほとんどで、最初はティーペグを刺したり、テープを貼って目印にしていました。アマチュアの場合は、ヘッドカバーなどを置いて振るのもいいかもしれません。

ただし、アマチュアの場合はクラブが外から下りてくる人が多いので、手前にもヘッドカバーを置きましょう。やはりボールの1足分手前、ボール1個分外側に置きます。まずはここに当たらないよう、体の近くをインサイドにクラブを下ろすことから始めましょう。

インサイドイン
ドリル
3

フラフープ素振り

2章のレベルスウィングと
この章のインサイドインを重ね合わせる
スウィング軌道を確認するドリル

回転運動を意識しながらインサイドインに振る

ドリルのやり方

1. 写真のように
フラフープを構えてもらい
アドレスする

2. フラフープの
円をなぞるように
バックスウィング、フォローと
連続素振りを繰り返す

［回数］ 10回

こんな人におススメ

アウトサイドイン軌道が直らない
インパクトで手元が浮く
スウェイしがち

クラブを引く方向、下ろす方向をチェックするのも
大事だが、上下動や左右へのムダな動きがないかどうかも
同時にチェックできるメリットもある

三角形の中で完結する円運動

「スウィングは三角形の中で完結する円運動」

事あるごとに、荒川先生がおっしゃった言葉です。最初はわかったような顔をして頷くだけで、正直、何を言っているのかさっぱりわかりませんでした。ただ、インパクトで手元が浮く選手に対し、フラフープを使って練習させた時、ようやくその意味が少しわかったような気がします。

先生のおっしゃられた言葉の意味とは違っているかもしれませんが、僕の解釈は次のようなものです。

まず三角形とは、ヘソと両足裏を結んだ線で作る二等辺三角形のことです。強いて足裏のどの一点を指すかといえば、薬指の延長線上にある足首の下です。これも最近、発見したことですが、ひざと股関節はこの上にあり、このラインが回転運動の軸になると考えられるからです。ちなみにゴルフのレッスンでは母趾球

フラフープ素振り

が注目されますが、過剰に母趾球に意識を持つと「詰まったスウィングになる」というのが、正直なところ僕の感想です。

それはともかく、スウィングはこのヘソと両足裏を結んだ二等辺三角形の中で完結します。多少は変形しますが、なるべくこの形を崩さない意識でスウィングすることが大事です。そしてスウィングプレーンをイメージして、誰かにフラフープを持ってもらいましょう。これをなぞるようにスウィングすることで円運動が視覚で確認できます。フラフープの位置を上にすればシャフトプレーン、少し下にすれば腕や手のプレーン（通り道）が確認できます。

腰から腰のハーフスウィングで構いません。二等辺三角形とそれぞれのプレーンは「三角形が崩れるとプレーンがフラフープから外れる」、逆から見れば「フラフープからプレーンが外れると三角形が崩れる」という関係にあります。具体的にはスウェイやオーバースウィング、ダウンでの伸び上がりや右サイドの突っ込み、インパクトでの手元の浮き上がり……などです。

逆にいえばインサイドインの軌道で、体がレベルに回転すれば、スウィングが

首にフラフープをかけて、フラフープ素振りの片手バージョン。テークバックは左手で持ち、フォローは右手で持つ

フラフープの枠から外れることはありません。

少なくとも、腰から腰のハーフスウィング……広い意味でのインパクトゾーン……では、ヘソと足裏の作る二等辺三角形の形や向きが変わることもないでしょう。

これが荒川先生のおっしゃった「スウィングは三角形の中で完結する円運動」という真意なのではないでしょうか？

ちなみにインパクトが手元で浮くタイプの人は、写真のように片手でフラフープを持ち、反対の腕、手の動きをシャドースウィングで確認しましょう。

インサイドイン
ドリル
4

二枚板ゾーン

強いボールが打てるインパクトゾーンドリル

スウィング軌道はインサイドインだが、インパクトゾーンの20～30チセン間はストレート。ヘッドを板に当てない難易度アップのドリルだ

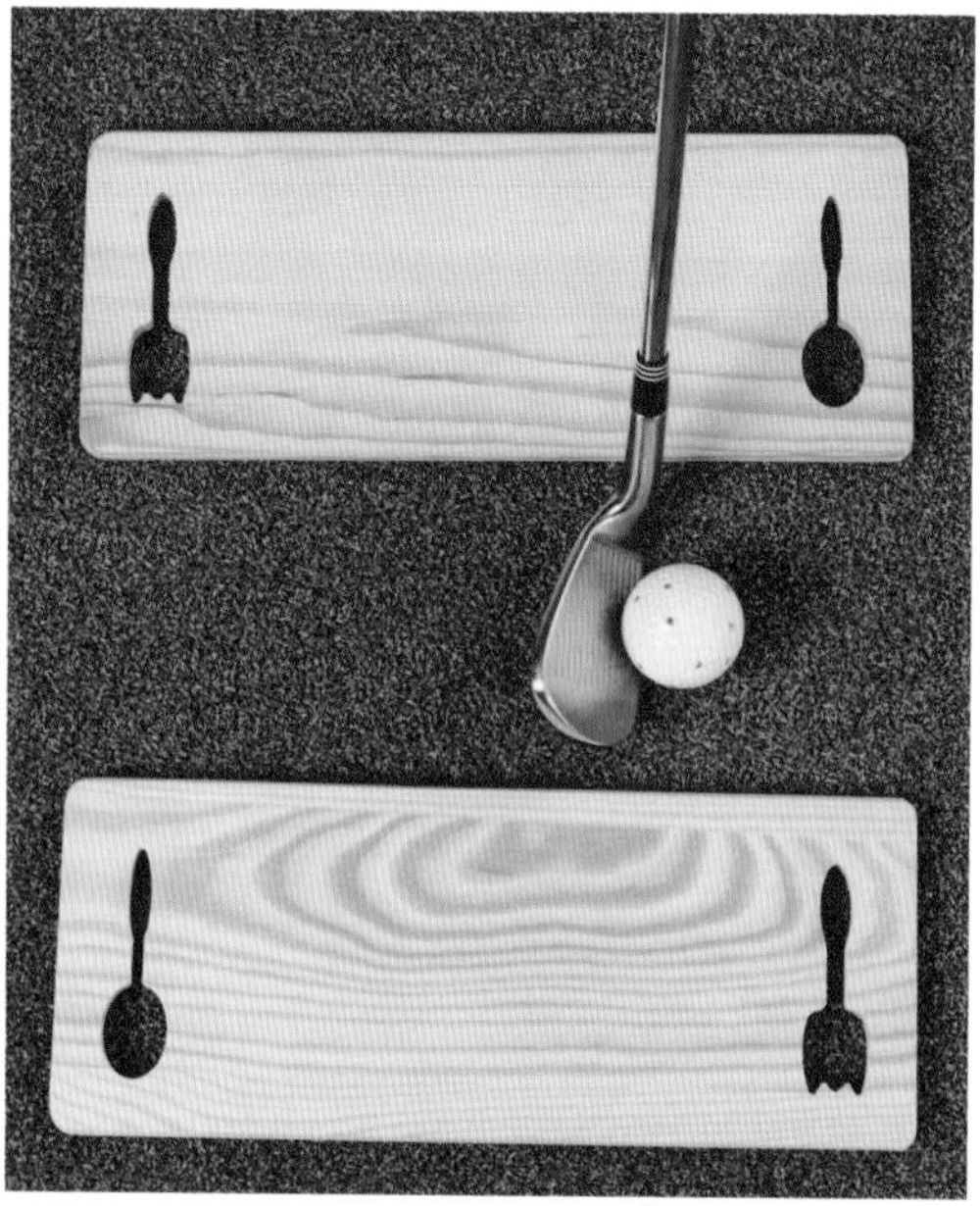

ドリルのやり方

写真のようなサイズの
板やかまぼこの板
などを用意し、
ヘッドが通過する
スペースを作って、
二枚の板を並べる。
ヘッドが板に
当たらないように
ショット練習

［球数］ 20~30球

こんな人におススメ

ショットの自信がついた人
もう一段階レベルアップ
したい人

低く長いインパクトゾーンを作る

インサイドイン軌道は、厳密には「インサイド↓ストレート↓インサイド」にクラブが動くことはすでに述べました。ストレートに当たるのは言うまでもなくインパクトです。そこでプロたちにやらせているのがこのドリル。実際には二枚のカマボコの板を使います。ヘッドの大きさよりも少し広めの幅で置き、その間をヘッドが通るように振らせます。

プロにはそうした正確性を求めますが、アマチュアの皆さんは「インパクトはストレート」という意識が重要です。というのも「インサイドに振り抜け」と言うと、単なるカット軌道となり、そのためにクラブを外から下ろそうとしてしまう危険性があるからです。これがスライスと飛ばない原因になることは言うまでもありません。ですから皆さんがやる場合は二枚の板の幅を少し広げる、あるいはテープを貼るなり工夫してください。

インサイドイン
ドリル
5

シャッターチャンス

胸の面の向きを確認するドリル

胸の面がどこを見ているか。テークバックでは後方をフィニッシュではターゲットを胸が向く。この動きを覚えればインサイドイン軌道に振れるようになる

ドリルのやり方

1. 目の前に両わきを締めて、両手でカメラを持ち、アドレス後、テークバック
2. インパクトでボールをずっと見続ける
3. フォローからフィニッシュへと徐々にターゲットへカメラを向けていく

[回数] 5回

こんな人におススメ

スウィング軌道が安定しない
アウトサイドイン軌道

フィニッシュ

× ヘソが空を向き
ひじも空いている

フィニッシュ

両わきを締めて
体を起こす ○

「カメラマンに限らずいかなる一流も、
わきを締めて道具を扱うものです」(辻村)

シャッターチャンス

インパクトでボールにピントを合わせろ！

インサイドに振り抜く練習はプロでもなかなかできないため、僕が考え出したのがこのボディドリルです。

取材に訪れたある雑誌のカメラマンの一眼レフを見て閃きました。カメラを両手で構えてシャドースウィングをするのです。

アドレスでは、レンズはボールを狙っています。そしてダウンはラインの線上かやや内側に下りてきます。右足から左足までは低くて長いストレートのインパクト。当然、インパクトではレンズの中央にボールがあり、ピントもピタリと合うはずです。

そこから体の回転に合わせてレンズはラインの内側を通りますが、しかしフィニッシュでは体もレンズも真っすぐにターゲットに向いています。

実は思いつきで始めた練習ですが、カメラで被写体を狙うのとスウィングには、とても大きな役に立つ共通点があることを発見しました。まずカメラを構える時は、わきを締め両ひじがしっかり体についています。そしてカメラがあるのは常に体の中心。レンズは胸やヘソと同じ方向を向き、体から外れ上下左右にブレたり、まして空を向くことはありません。

なぜなら体がレベルに回り、インサイドイン軌道のダウンスウィングでは、ヘソが空を向くことがないからです。

また、下半身はどっしり、頭も動かないことも同じなら、ひじが常に下を向いているのも被写体を追うのも、インサイドイン軌道のレベルスウィングでも同じです。

被写体を常にレンズの中央で追いかけるのも、視界を変えないことが重要なスウィングと共通しています。

そして、このカメラを構えて行うシャドースウィングのキツさこそ、インサイドインのスウィングに求められる体の〝締まり〟です。それが足裏の粘りなのか、高まる腹圧なのか、あるいは体のねじれなのか、その辺を体で感じてください。

インサイドイン
ドリル
6

両わきタオル

両わきを締めて軌道を安定させる

インサイドインの軌道を安定させるには両わきを締めるのがポイントになる。タオルを両わきに挟んで、練習しよう

ドリルのやり方

1. 長めのスポーツタオルを用意。胸の前にタオルを通してから、両わきでタオルを挟む

2. タオルが落ちないように素振りとショット練習を繰り返そう

［球数］ 20~30球

こんな人におススメ

右わきが開いてアウトにクラブが下りてしまう
フォローで左わきが空いてしまう

右わきを締めることで、ダウンで右ひじが最短を通るインサイドインが身につき、左わきは、フォローでインサイドに振り抜いていく感覚をつかむことができる

腕とクラブと体の一体感を作りだす

「シャッターチャンス」のドリルでカメラを真正面に構えるためには、わきが締まり、ひじが体にピッタリとくっついていました。だから腕や手でカメラを動かさなくても、体の向きを変えるだけで、どんなに素早い動きをする被写体にも反応でき、シャッターチャンスを逃すことはありません。ゴルフのスウィングも同じです。そこで両わきにタオルを挟みます。その状態でタオルが落ちないよう振ってみましょう。体と腕、クラブの一体感が生まれます。体の回転に腕とクラブがついてくる、といった感覚が理解できるのではないでしょうか？

その結果、軸が安定し、スウィング軌道も安定します。わきが締まればクラブがアウトサイドから下りてくることはないし、インサイドに振り抜くのも自然になるでしょう。腕とクラブが体の真正面、しかも近くにあるのですから当然です。

またわきが締まり、体の近くをクラブが通るのですから、当然、ボールポジシ

インサイドインドリル 6

両わきタオル

ヨンも近くなるでしょう。ボールポジションが近づけば、インパクトがストレートになる距離、時間も長くなります。

これはパッティングでボールの近くに立った時、ボールの遠くに立った時のヘッドの軌道を見れば一目瞭然です。

ボールが遠くなればなるほど軌道は円を描き、インパクトの時間も距離も短くなります。つまりボールを強く押せない〝点〟のインパクトになる、ということです。

逆にいえばレベルスウィングができないのも、インサイドインに振っていけないのも、腕とクラブが体から外れるからにほかなりません。腕とクラブが体から外れれば、軸は傾くし、クラブも暴れます。

その原因は〝わきの甘さ〟にあるのです。

わきを開いて構えるカメラマンを想像してみてください。そんなカメラマンに、皆さんは写真を撮ってもらいたいと思うでしょうか？　かなり間抜けな構えですがそうしたスウィングのゴルファーは山ほどいます。それを矯正するドリルです。

チーム辻村の最強ドリル

CHAPTER 5

飛距離アップ

ヘッドスピードを上げる最強の練習法

歳だから、パワーがなくなったから、飛距離を諦めた?
いや、誰もが飛距離を伸ばすことが可能だ。
ヘッドスピードを上げて、飛距離アップできる
効率のいい素振りと打ち込みドリルを紹介しよう！

チーム辻村の最強ドリル

CHAPTER

5

overview

「しぼり方」と「呼吸力」があなたの飛距離のポテンシャルをしぼり出す

ゴルフは飛べばいいというものではありません。しかし、飛距離がゴルフの魅力のひとつであることも間違いないでしょう。

僕の周囲にも「昔に比べて飛ばなくなった」と嘆く人は数多くいます。歳だから、パワーがなくなったから、体が硬くなったから……と、すでに諦めてしまっている人も少なくありません。最終章であるこの章は、そんな方々への明るい希望として設けました。

最初に宣言しておきます。年齢を重ねても飛距離をキープすることは容易ですし、誰もが飛距離を伸ばすことも可能です。

さて、初めて僕がスウィングを見た時の小祝さくらは、ヘッドスピードが40m/sありませんでした。アマチュア男性の平均とほぼ同じ数字と思われます。僕たちが本拠地とする千葉県船橋市の丸山ゴルフセンターはネットまで220ヤード。高校3年生のさくらが、1バウンドか2バウンドでしかそのネットには届きませんでした。

プロの世界では飛距離は大きなアドバンテージです。というより、近年は「飛ばない選手はなかなか勝てない」といった傾向が年を追うごとに強くなっています。

僕がさくらを初めて見た時、

「何年かかってもプロにはなれるだろうが、稼げるプロになれるだろうか……」

と感じた理由は、ここにありました。

さて、そこから3年後のさくらのヘッドスピードは45㎧に至ります。今、さくらの打球は丸山ゴルフセンターのネットの中段に突き刺さるようになりました。

3年間でヘッドスピードが5㎧以上伸びた選手は、僕のコーチ経験のなかで初めての体験でした。それは、さくらの心技体が伸び盛りであったこともあるし、何よりさくらの努力の賜物であることは間違いありません。ただ、そこにはやはり理にかなった、効率のいい練習があったことも確かです。

さくらだけではありません。今年35歳になる桃子は、30歳を目前にした2015年、一度は引退を真剣に考えた選手でした。その桃子が今も女子ツアーの第一線で活躍し、19年シーズンには2勝、20―21年シーズンにも1勝をマークしました。そして桃子の飛距離はここ数年、落ちないどころか伸びています。桃子ほどゴルフに対しストイックな選手を僕は知りません。鬼気迫る練習風景も肌で身近に感じています。ただ、そのベースには合理的で効率的な練習があるのです。

この章では、僕たちのチームが行っている、飛距離アップのドリルをまとめてみました。中高年の皆さんにもできるドリルをピックアップしたつもりです。そして最後にこれだけは付け加えておきます。それはこれらのドリルの多くには、荒川先生の教え、遺伝子が脈々と流れている、ということです。

飛距離アップ ドリル 1

ふとん叩き

インパクト力を最大限に引き上げる

インパクトを強くする実戦的なドリル。モノを叩く力は、慣れや回数で、上げられるので日頃から叩きなれることが大切

ドリルのやり方

ベランダにかかったふとんを左手一本で叩いてお手伝い。ゴルフの構えとフットワークは忘れずに

サポートしてくれる人がいれば、写真のようにクッションなどを持ってもらって、左手1本でふとん叩きを繰り返す

［回数］ 20～30回

こんな人におススメ

ヘッドが走らない
ヘッドスピードが上がらない
インパクトのタイミングが悪い

インパクトの一瞬にエネルギー（氣）を全集中する

脱力はゴルフのレッスンのキーワードです。特に飛距離において「脱力はアクセル、力みはブレーキ」は、僕の基本的な考えであることもすでに述べました。ところが一方で力を抜きなさい、脱力しなさいを繰り返すと、スウィングそのものが緩んでしまうアマチュアが数多くいます。

すでに第一章で僕は、下半身については力を入れ、ドッシリした構えを作るべきだと述べました。構えから緩んでしまう人には、ショック療法で「下半身は目一杯力め！」といった教え方をすることもあります。

それはともかく、スウィング中に力を入れる場面がもうひとつあります。力を入れるというより、自然に力が入るといったほうが適切でしょう。それはインパクトの瞬間で、このタイミングと力の入れ方を身につけるのがこのふとん叩きドリルです。

飛距離アップドリル 1

ふとん叩き

とても簡単なドリルで、ふとん叩きを使って布団やクッションを叩くというもの。スウィングは左サイドリードですから左手で叩きます。

左手に力を入れろ、というのではありません。パチンと気持ちよく叩けた時、下半身や体幹と呼ばれる体の中心部、あるいは腹圧が高まることが感じられるはずです。それがヘッドスピードを生む、力の入り方です。この練習では、それを体感してください。

腕やシャフトをしならせ、ヘッドを走らせるためには、スウィング中に動きを止めることでヘッドの利きが最大になる〝間〟（カウンター）があります。そこで応用として、壁に向かってふとん叩きやシャモジを振り、壁に当たる直前に止める、というドリルも効果的です。止めることで、ヘッドスピードが上がります。また、この壁の直前で止める意識が、体とクラブの引っ張り合いを生み、つまり反対方向に動くわずかな〝間〟を生むのです。これを僕は「ヘッド（体の頭）とヘッド（クラブヘッド）の引っ張り合い」と呼んでいます。

一人で、自宅で手軽に練習する時には、ハンドグリップを使うのもいいでしょ

× 体が開いて力が入らない

○ 体の正面で力を込められる

う。これも左手に持ち、インパクトの瞬間にギュッと握ります。同時に「フッ」と声を出すのもいいでしょう。実はこれが力の入るタイミングであり、ヘッドスピードを上げるコツなのです。また、力が入らなければ声も出せません。

研修生や若手プロには、このタイミングがつかめず飛ばせない選手も多くいます。アマチュア時代の阿部未悠もそうでした。しかし、この声を出す呼吸力のタイミングをつかんだことで、ヘッドスピードは1年間で3m/s上がり43m/sに。

そして今年、プロテストに合格することができました。

飛距離アップドリル 2

ひじ縛り

上半身を不自由にして、力の入れ方を覚える

手や腕の力でクラブを上げては、パワーを生かせない。手を使わなくてもクラブを振れる感覚をつかむ

ドリルのやり方

1. ゴムひもは胸回りより短い長さで輪を作る
2. ゆるゆるではなく、結構きつめで体を通し
3. 両ひじを縛り球を打つ

ゴムひもはスウィング中、腕の自由が奪われるような硬さと長さを選ぼう。ひじの力で外に開こうとしても開かないほどきつく縛る

[球数] 20~30球

こんな人におススメ

スウィング中、わきが開く
クラブが体の正面から外れる
両肩と手の三角形が崩れる

クッションを挟んでも ひじ縛りの 代用ができる

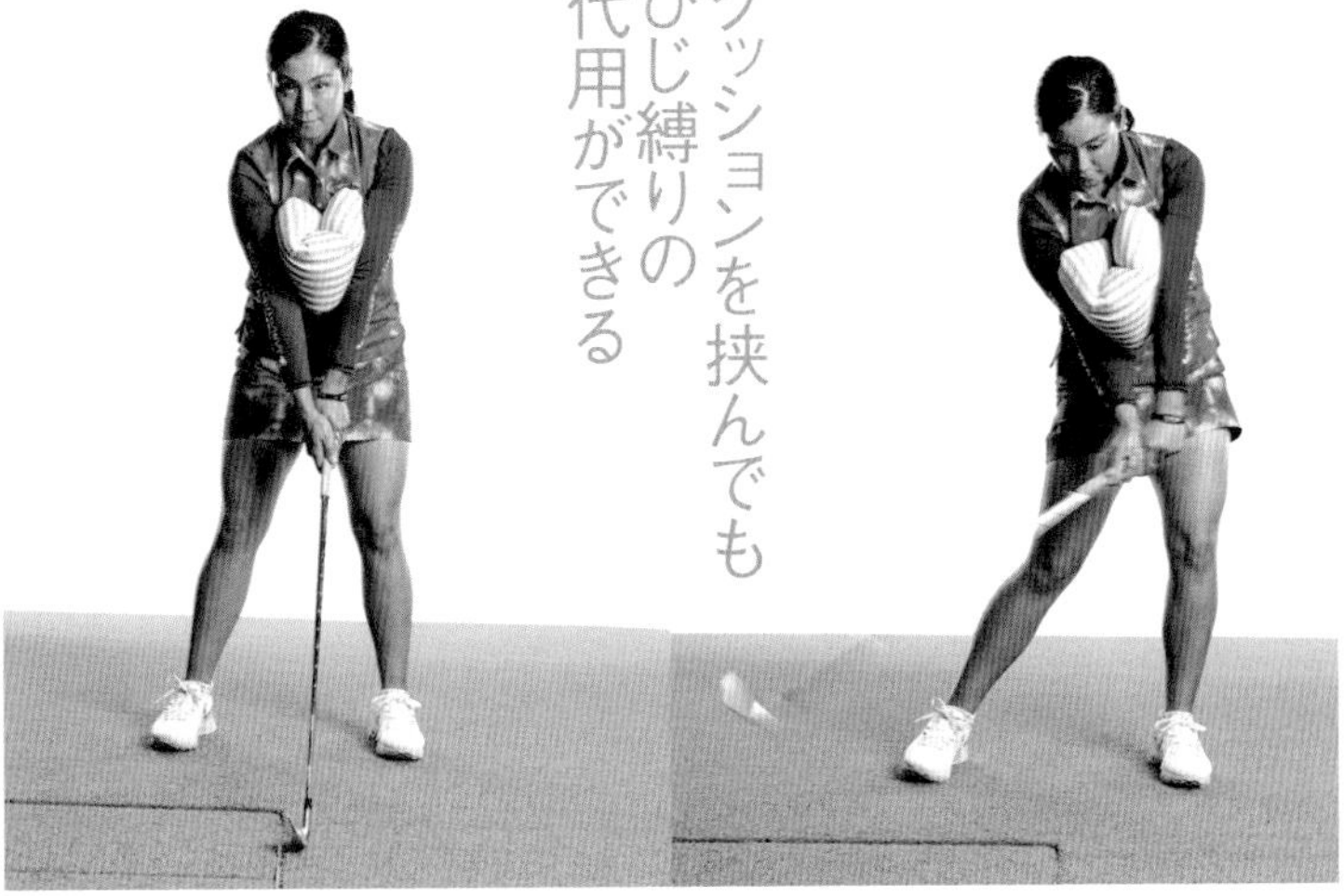

手や腕の自由を奪って、体の回転やフットワークの
感覚をつかむためのドリルなので、クッション挟みも
ゴムひもの代用になる

1

2

3

実際にクラブを振らなくても、ボディドリルだけでも十分に効果がある。
クラブを持たず、腕や手を使わなければ「スウィングはわずかに
これだけの動きでいい」ことが理解できるはず

ひじ縛り

手は手で動かすより、体と一緒に動かせば、力が倍増

体の無駄な動きの最たるものは、いわゆる手打ちと呼ばれる手の動きです。手は手で動かすものではなく、体の回転によって勝手に動くもの。まずは、その感覚を身につけるドリルです。

ゴムで背中を通して両ひじを巻き、腕と体を一体化させます。これで手は手で動かせません。体の回転に腕や手が、そしてクラブがついてくることがわかるはずです。ゴムの代わりにクッションを両腕で、胸のあたりに挟むのもいいでしょう。ゴムにせよクッションにせよ、両肩と両腕、グリップが作る三角形を、スウィング中に崩さないよう意識してください。

腕やクラブを体の中心から外さないことは、手が手として勝手に動かないことであり、腕や手の先にあるクラブが最も効率良く仕事をする姿勢といってもいいでしょう。クラブが常に体の中心にあれば、その操作は簡単になりますし、再現

叩くのではなく クッションの手前で〝止め

ふとん叩きのドリルと組み合わせてやるのも効果的。クッションの手前で止めれば
ヘッドスピードのアップ、叩けばボールを押す感覚が身につく

性の高い、ミート率の高いスウィングになります。

腕や手が体についていれば、腕や手の力み、具体的には首筋や肩、ひじの張り、グリッププレッシャーが弱くなっていることに気がつくはずです。腕がブランブラン、グリップがゆるゆるの状態こそシャフトがしなり、ヘッドスピードが上がるのは鞭と同じ原理です。

もうひとつお勧めしたいのが、両腕をクロスして肩に当ててのシャドースウィング。腕がなくなるだけで、体を回転させてスピードを上げるコツも身につくはずです。

飛距離アップドリル 3

ぐにゃぐにゃ素振り

クラブのしなりを生かせるスウィングを身につけるために、軟らかいロープなどで素振りを繰り返す。

クラブのしなりを生かすための素振り

ドリルのやり方

やや太めの
ゴムロープや
ゴルフ練習器具など
軟らかいモノで
左手素振りを
繰り返す

レベルスウィングやインサイドインを
意識しながら、ダウンスウィングの
しなりなどをチェックする

[回数] 10~20回

こんな人におススメ

クラブのしなりを
生かせない人
ヘッドスピードが上がらない人

クラブヘッドの先まで「血」を流せ

ヘッドスピードを上げるには、軟らかいものを振ることです。やや太めのゴムロープや練習器具、あるいはホースなどを使います。左手1本で振るのは、これも左サイドリードを体感するためです。

力任せに振ると、どんな軟らかいものであっても棒状になり、しならないことが理解できるのではないでしょうか。またアーリーリリースは力みによって生まれるダウンスウィングでの無駄な動きですが、軟らかいものを振ることでリリースのタイミングも身につくでしょう。

僕はよく選手たちに「ヘッドの先まで血を流すように振りなさい！」と指導しています。荒川先生は氣の流れを消防ホースと、そこから勢いよく放出される水に例えました。軟らかいものが上手に振れない人はどこかに力が入り、血や水、つまり氣が途中で詰まり、道具の先まで流れていないのです。

飛距離アップドリル 4

ハンカチ飛ばし

ヘッドスピードを最大限に引き上げる

インパクトからフォローでパワーロスがないか確認できるドリル。もしくは、さらにパワーを上げるためのドリルだ

ドリルのやり方

1. 水で濡らしたハンカチやハンドタオルをグリップエンドに引っかけて
2. どれだけ真っすぐターゲット方向へ飛ばせるか

[回数] 5~10回

こんな人におススメ

インパクトで緩む
ヘッドスピードが上がらない
腕のローテーションがヘタ

荒川博先生直伝の"しぼり"。タオルをヘソから流れる"氣"に見立て、低く、真っすぐ、そして遠くに。力任せでは飛ばないことも理解できるはず

〝しぼり〟がヘッドスピードを最大限に上げる

剣術では「切っ先三寸で人を斬る」と言います。切っ先とは真剣の先端のことで、三寸は約10センチ。野球のバットでもゴルフのクラブでもヘッド部分に当たります。それを走らせ、利かせるのが飛距離を出すポイントで、そのコツについて荒川先生は〝しぼり〟という技術を教えてくださいました。先生の言葉を僕なりに理解し、考案したのがこのドリルです。

ハンカチやハンドタオルを濡らし、グリップエンドの先に乗せます。これを真っすぐ前方に勢いよく飛ばす練習です。〝しぼり〟とはインパクトの前後に右腕が左腕を追い越していく動きのこと。先生は「ヘソで一気にしぼれ！」と教えてくださいました。

この一気こそが、スウィングで自然と力の入るタイミングであり、先生の言葉を借りれば「臍下丹田の氣を吐き出す」タイミングとなるでしょう。

飛距離アップドリル 5

ひと呼吸連続素振り

一度息を吸い込んで、クラブを振り続けるドリル。スウィングのムダを削ぎ取ることで、ヘッドスピードを上げる

息を止めて、何秒、何回、振れますか?

ドリルのやり方

1. 息を大きく吸ったらその半分を吐き出しアドレスに入る
2. 息を止めたままどれだけクラブを速く振り続けられるか

目標
[連続素振り] 5回

こんな人におススメ

クセの強いスウィング
軌道が安定しない
体が無駄な動きをする

最初は5回もできれば十分だろう。無理して数を増やすのではなく、連続して振ることが大事。
スウィングのカドが取れると同時に、体力と胆力がアップする

スウィングのカドが取れる究極の素振り

すでに紹介した究極の素振りです。息を大きく吸ったら、その半分を吐き出し息を止めて連続でクラブを振ります。最初は5回を目指しましょう。

この素振りの効果は、まずは無駄な動きがなくなります。無駄な動きでは連続では振れないからです。同じ理屈でスウィングのカドが取れます。カドとはひとそれぞれの悪いクセですが、素振りを連続することで自然で無理のない体の動きになるのでしょう。

何より肺活量が増え、体力がつきます。パワーではなく体力は、飛距離の一番の原動力であり、ここ一番の集中力、強いメンタルは、体力があってこそのものでしょう。また続けること、回数が増えることで、自信にもなるでしょう。ちなみに最初は5回（ひと呼吸）で貧血になり、青ざめて倒れたさくらは、現在、自己最高でチーム最多の21回（ひと呼吸）を更新中です。

飛距離アップドリル 6

ヘッドカバー投げ

レベルスウィングとインサイドインチェック

練習場でもラウンド中でもできるドリル。ヘッドカバーを右足前に投げることで「辻村式スウィング」の確認ができる

ドリルのやり方

ヘッドカバーを
クラブの代わりに
両手で握って、
スウィング。
ダウンで右足前に
ヘッドカバーを
投げつける

[回数] 10回

こんな人におススメ

本書でドリルを実践したが、
辻村の理想とするスウィングが
できているかどうか確認したい

辻村式スウィングが身についたか最終チェック

最後は僕がチームで教えているスウィングが、身についたかどうかのチェックです。チェックであると同時に、スウィングに悩んだらこの練習を繰り返してください。

クラブを持つようにヘッドカバーを握ります。ダウンで右足前にヘッドカバーを勢いよく投げ落とす練習です。

僕のチームが目指すのはレベルスウィングであり、インサイド・ストレート・インサイドのスウィングプレーンであることは、この本で再三再四述べてきました。レベルスウィングとインサイドインができないと、思ったところにヘッドカバーを落とすことはできません。

体が開いたり、上体が起き上がったりすると、地面にバンッと音がするほど、勢いよく叩きつけられないのです。

飛距離アップドリル 6

ヘッドカバー投げ

また、両手でヘッドカバーを投げたあと、〝スウィング〟を続けます。インパクト、フォローへとシャドースウィングを続けることで、ダウンスウィングの形をチェックするだけでなく、体の向きやフットワークの使い方、ボールを叩くところなど、フォローまでしっかりチェックすることが大切です。

ダウンスウィングは外から振るのではなく、体の近くを下へ下へ振り落とす。この時、体の右サイド（右肩、右腰、右ひざ）は前に出ず、インパクト直前から体の回転で右サイドが前へ出て行くイメージです。手で手を動かす手打ちの人、リリースのタイミングが悪い人、手や腕に力が入り過ぎる人はなかなか当たらないでしょう。

またボディドリルとしては、すでに紹介したドリルですが、左手で右の耳たぶをつかんでアドレス。そこからトップの形を作ったら、体を回転しながら腕を耳たぶから離します。

腕はお腹の下にインサイドに落ちるはずです。こうして右手の動き、左手の動きをそれぞれ身につけるのも効果的です。

ダウンでヘッドカバーを投げたあとも、惰性で、フォローまで
両手を振り続けること。ただヘッドカバーを地面に投げるのではなく、
体の開き、フットワーク、左サイドの使い方を確認したい

吉田優利に教えたこと

急がば回れ！腰が引けた「アンダー《下から入るスウィング》」をインサイドに

優利を教え始めたのは、彼女が高校1年生の2017年の冬からでした。練習場で初めて見た時の第一印象は、「クラブさばきの上手な子だな」というものでした。天才肌というと言い過ぎかもしれませんが、運動神経も良くてポテンシャルも高く、とにかくコツをつかむのが上手です。とても器用でゴルフセンスがあり、練習にもパッと来て要領をつかむとパッと帰る、そんなタイ

2000年生まれで20年プロテスト合格。
21年には初優勝と2勝目を立て続けに飾り、
“天才肌”がようやく開花。
先輩小祝のライバル的存在に成長

「あおり打ち」だった
“アマチュアスウィング”を
プロのスウィングに変えるためのドリル。
読者の皆さんは
「ふとん叩き」で練習しよう

プの選手でした。（小祝）さくらを教え始めたのは同時期でしたが、性格も練習の仕方も２人はまったくの正反対です。

　すでに高１でナショナルチームに選ばれ、高３の２０１８年には日本女子アマ、日本ジュニアの２冠を達成しています。さらに国内メジャーのサロンパスでは、アマチュアながら最終日最終組を回りました。ちなみにこの時、初優勝を果たしたのが、後にＡＩＧ全英女子オープンでメジャー優勝を果たす渋野日向子選手です。この年、優利は予選会を経て全米女子オープンにも出場しています。

　類い稀なる才能を持ち、非凡な結果を出し続けてきた優利で

すが、だからといってスウィングを変えなくていい、というわけではありません。一言で表すならアマチュアのスウィングで、これをプロで通用するスウィングに変えるのは至難の業。ましてアマチュアで結果を出し続けている優利にとっては、とても勇気のいることだったに違いありません。

アマチュアのスウィングとは具体的にどういうものかといえば、インパクトでアンダーからヘッドが入ってくることでした。これはジュニアに多いのですが、まだ体のできていないうちに飛距離を求める結果、いわゆるあおり打ちと呼ばれるダウンで右肩が下がるスウィングになるわけです。

ここで注意してほしいのが、ダウンスウィングのインサイドとアンダーはまったくの別物だということ。僕に言わせれば前者が本物なら後者はごまかしです。下からあおることでクラブをインサイドに下ろしていると勘違いしている人が多いのですが、左腰が早く引ければ腕もクラブも外回転します。つまりアウトサイドから下りてくる、というわけです。これを僕は「抜け腰スウェイ」と呼んでいます。確かに飛ぶには飛びますが、あくまで上手く当たればという条件付き。優利の場合もそうでした。これではプロでは通用しません。

「1年間シーズンを戦うプロはスウィングや体が"閉じた"時間を練習によって、長く管理する必要があります。プロは1年間、アマは1週間、つねに体の"開き"との戦いです」（辻村）

そこで徹底してやらせたのが、テニスラケットを使った素振りと、僕が投げたボールを実際に打たせるドリルでした。クラブだと確認しにくいフェース面ですが、ラケットならどこを向いているかわかります。ラケットの面が空を向くアンダーを、立ててインサイドから下ろす練習です。完全に自分のものにするまで丸2年かかりました。そこには「プロはアマチュアの実績は関係ない世界」荒川門下の兄弟子、王さんのアドバイスがあったことも付け加えておきます。

［インパクト］

氣とパワーが
ボールに全集中！

打ちに行く"想い"から
バランスを崩しがちだが
桃子の安定感はピカイチだ

AIGIA
前傾ライン
27°

チーム辻村

進化の途中！

構えと
インパクトの
前傾角度が
ほぼ同じだ！

スマホでスウィング解析中

チェックの繰り返し……
ズレは数字で補います」（辻村）

チーム辻村は精神論に偏った、時代遅れの練習をするなと思う方もいることでしょう。本書でも「氣」や「臍下丹田」といった言葉が登場するので、そう感じる方がいるかもしれません。

ただ、スマホを使ったスウィング動画はほぼ毎日、選手から送られてきます。それに応じた対処、練習法は様々な手段で僕からも頻繁に送り返しています。そのなかでは、目では確認できないものもあります。そこで日大ゴルフ部の先輩である丸山茂樹プロ、米倉和良プロの協力を得て、科学的なスウィング解析も取り入れています。これは両プロが開発を手がけた最新ＡＩアプリで、細部のデータから修正点を分析し支えていただいています。２人の先輩プロには本

［アドレス］

重心が下がって安定感がある

写真右上にある数字がアドレス時の前傾角度「29°」。トップ、インパクト直後まで、2°しか変わらない

［トップ］

切り返す準備ができている

ちょっとでも伸び上がりがあれば、前傾角はキープできない。プロでも難しい技術

練習してチェック、練習して「目で見えないスウィングの

書を借りてお礼申し上げるとともに、興味ある方はＡＩＧＩＡスタジオをご訪問いただけるようお願いします。

もちろん荒川先生の遺伝子は、僕と僕の指導する選手たちに今も脈々と流れています。その精神を最新鋭のＡＩ技術の力を借り、皆さんに伝えることが僕の役目かも知れません。

選手たちが活躍し、またこのような本を出版させていただく幸運に恵まれました。

様々な、不思議な縁に支えられてきました。これまで出会った皆様との縁に感謝し、あとがきとさせていただきます。

令和三年十月
辻村明志

選手たちが定期的にスウィングチェックしてもらっているAIGIAのスタジオ（https://aigia.co.jp）。

チーム辻村最強ドリル
女子プロと一緒に上手くなる！

2021年11月18日　初版発行
2021年12月10日　第3刷発行

著者　辻村明志
発行者　木村玄一
発行所　ゴルフダイジェスト社

〒105-8670　東京都港区新橋6－18－5
TEL03－3432－4411（代表）03－3431－3060（販売部）
e-mail gbook@golf-digest.co.jp

印刷・製本　株式会社光邦

ISBN978-4-7728-4198-6　C2075